Doos van licht, lucht en liefde

Doos van licht, lucht en liefde

Yotta en Yocto op zoek
naar de bouwstenen van onze wereld

Bennie Mols

Veen Magazines, 2005

Uitgeverij Veen Magazines B.V.

Postbus 256

1110 AG Diemen

www.veenmagazines.nl

Titel: **Doos van licht, lucht en liefde – Yotta en Yocto op zoek naar de bouwstenen van onze wereld**

Auteur: **Bennie Mols**

Ontwerp en zetwerk: **Dvada, Utrecht**

Coverontwerp en illustraties: **Piet van Bragt**

Druk: **Alfabase, Alphen a/d Rijn**

© Veen Magazines, Diemen 2005

ISBN: **90 8571 001 4**

NUR: **210 / 259**

Deze uitgave is tot stand gekomen met steun van de Stichting voor Fundamenteel Onderzoek der Materie (www.fom.nl) en de Nederlandse organisatie voor Wetenschappelijk Onderzoek (www.nwo.nl).

Inhoud

HOOFDSTUK 1

Onder een dikke laag stof ligt een geheimzinnige doos

Z e zaten tegenover elkaar op een omgevallen, rottende boomstam. Uit hun ooghoeken zagen ze hoe een eekhoorn wegschoot. Kwistig kwetterde een kwikstaart. Ergens timmerde een specht een gaatje in een boom. Uren konden ze in het bos doorbrengen en dan leek het of ze weken op reis waren geweest. In deze vakantie wilden ze eindelijk weer eens met hun vrienden een hut in het bos gaan bouwen. Op zoek naar een geschikte plek in het bos, waren ze bij de boomstam uitgekomen. Ze hadden een melige bui.

'Yocto!...Wat een belachelijke naam heb jij toch! Waar komt die vandaan?' zei Yotta, terwijl ze haar paardenstaart vrolijk op en neer liet zwiepen.

'Moet jij wat van zeggen...Yotta! Dat is toch net zo'n gekke naam. Betekent dat dan iets?' antwoordde Yocto bloedserieus. Daarbij trok hij zijn rechteroor een beetje op.

Terwijl Yotta en Yocto dit zeiden, keken ze elkaar bliksemsnel aan en schoten allebei in de lach. Aan één oogopslag had de een genoeg om te begrijpen wat de ander bedoelde. Ze deden die vreemde volwassenen na. Hoe vaak hadden ze niet gehoord van een volwassene: 'wat een gekke namen hebben jullie toch! Yotta en Yocto. Betekenen die namen iets? Waar komen ze vandaan? Groenland of zo? Jullie zijn toch geen eskimo's!'

De vriendjes en vriendinnetjes van Yotta en Yocto vroegen nooit wat hun namen betekenen. Die riepen gewoon: 'hé Yotta, ik sta vrij. Gooi die bal naar mij', en dan keek Yotta om, en niet Yocto. Dus het werkte wel. Of ze vroegen: 'als jullie een tweeling zijn, waarom lijken jullie dan zo weinig op elkaar? Waarom is Yotta dan een meisje en Yocto een jongen?' Dat vond de tweeling veel betere vragen. Dat vroegen ze zichzelf ook wel eens af.

Yocto raapte een tak op van de grond en brak hem in tweeën. Hij gooide de ene helft weg en nam de andere in zijn hand. 'Als ik deze tak nu weer in twee stukken breek en allebei de helften ook weer in tweeën, en ik zou steeds doorgaan met het in tweeën breken...hoe lang kan ik dan doorgaan?'

'Na een paar keer breken wordt het takje zo klein, dat je het niet meer met je vingers dubbel kunt breken', zei Yotta.

'Maar stel dat het toch zou kunnen, dat je het takje dubbel kunt blijven breken... wat blijft er dan over?' ging Yocto verder.

'Hoe moet *ik* dat weten?' mompelde Yotta.

'Maar je kunt het je toch wel voorstellen?' drong Yocto aan. 'Gewoon in je hoofd doen alsof het wel kan... Ik wil begrijpen wat er dan overblijft.'

'Ik hoef niet alles te begrijpen!' zei Yotta geërgerd. Ze raapte een van de takjes op die Yocto net had afgebroken. Ze gooide het weg zo ver ze kon. 'En ik wil ook niet alles begrijpen!' Ongeduldig begon ze met haar vingers op de boomstam te trommelen. 'Kom, laten we naar huis gaan. Ik moet nog oefenen.'

'Oefenen? Hoezo?' vroeg Yocto.

'Nou, met m'n viool natuurlijk!' zei Yotta, terwijl ze opstond van de boomstam. 'Je weet best dat ik elke dag moet oefenen.'

'Ga je weer met dat gejengel beginnen?' plaagde Yocto zijn zusje. 'Ik begrijp niks van die muziek van jou.'

'Beter dan achter die stomme computer zitten!' riep Yotta, terwijl ze begon te rennen.

Yocto rende achter haar aan. Toen hij haar inhaalde, gaf Yotta haar broertje een duw, en zei: 'Dat domme computerprogramma van jou kan alleen maar baantjes berekenen van de planeten. Die planeten draaien altijd dezelfde rondjes om de zon. Daar is toch niks aan! Ik kan met mijn viool hetzelfde muziekstuk elke keer anders spelen. Als ik kwaad ben, speel ik het stuk ook op een kwade manier. Als ik blij ben, dan klinkt mijn spel ook blij.'

'Maar ik kan met mijn computerprogramma uitrekenen waar de planeten zijn', zei Yocto. 'En ik kan voor elke plaats op aarde berekenen hoe de sterrenhemel eruit ziet. Geef me een plaats, een dag en een tijdstip en met dat programma laat ik je zien hoe de sterren staan.'

'Nou en?' zei Yotta schouderophalend. 'Heb je daar dan iets aan?'

'Ik vind het gewoon mooi om te weten', zei Yocto.

'En ik vind het mooi om viool te spelen!' zei Yotta. 'Trouwens, dat computerprogramma heb je gewoon gekocht. Dan is er geen kunst aan.'

'Maar die stukken die jij speelt, heb je ook niet zelf geschreven', reageerde Yocto. 'Ik kan net zo blij worden van het berekenen van de planetenbanen als jij van je muziek!'

Yotta en Yocto waren het bos inmiddels uitgelopen. Bijna thuis. Ze woonden samen met hun vader en moeder in een groot vrijstaand huis aan de rand van een uitgestrekt bos. Het was voor de tweeling de eerste dag van de zomervakantie. Ze waren moe van het afgelopen schooljaar. Na de zomer gingen ze naar de middelbare school. Daar keken ze naar uit. Maar nu verheugden ze zich vooral op de zee aan vrije tijd die ze de komende zes weken zouden hebben.

'Jullie hebben zeker trek?' zei moeder toen ze thuiskwamen. 'Ik heb voor jullie allebei al een glaasje melk en twee boterhammen op tafel gezet. Ik ga nu even naar boven, om vader ook een glaasje melk te brengen.'

'Ligt hij nog steeds op bed?' vroeg Yotta.

'Ja, hij is nog steeds ziek', zei moeder, terwijl ze de kamer uitliep. Yotta zag hoe ze haar gezicht naar beneden boog.

Yotta ging aan tafel zitten. Ondertussen nam Yocto het glaasje melk en de boterhammen mee naar boven, naar zijn kamer. De computer stond nog aan. De melk dronk hij snel op. De boterhammen zette hij naast het beeldscherm. Hij tikte enkele getallen in en startte het programma. Op het scherm verscheen een ruimteschip. Het begon aan een reis langs de planeten. Elke keer dat zijn ruimteschip een planeet passeerde, klikte Yocto de planeet aan en verscheen er uitgebreide informatie over de planeet op het scherm. Yocto was bezig de belangrijkste gegevens over de planeten in een schrift te noteren: gewicht, grootte, aantal manen, omlooptijd rond de zon.

Toen hij de gegevens van Pluto aan het opschrijven was, viel hem pas op dat zijn zusje weer met haar viool aan het oefenen was. Als ik bezig ben, hoor ik bijna niks meer, dacht hij.

Yotta had al voor het zesde jaar les. Ze was moe en had vandaag moeite om zich goed te concentreren. Na een paar minuten spelen, hield ze op. Ze was kwaad op zichzelf. 'Dit kan ik mijn viool niet aandoen', riep ze. 'Sorry', zei ze tegen de viool, en legde hem nog voorzichtiger dan normaal in de doos. 'Ik heb zin om naar de zolder te gaan', sprak ze tegen zichzelf.

Ze liep naar Yocto's kamer. Zonder te kloppen opende ze de deur. Ze zag hoe Yocto, diep in gedachten verzonken, naar de aantekeningen in zijn schrift staarde. Yotta ging naast haar broertje staan en griste het schrift voor zijn neus weg.

'Hé, terug daarmee', riep Yocto. 'Ik dacht dat jij moest oefenen...'

'Ja, maar het lukt vandaag niet', antwoordde Yotta. 'Mijn spel klonk nergens naar. Vermoeide tonen. Net zo moe als ikzelf.'

'Ga je mee naar de zolder?' vroeg Yotta.

'Ik wil wel mee,' zei Yocto, 'maar eerst start ik nog even een berekening op. Ik wil dat mijn ruimteschip op zijn reis door de ruimte een komeet ontmoet. Als wij dan op zolder zijn, dan rekent de computer gewoon door. Dat ding wordt nooit moe. Handig toch?'

'Een computer is een dood apparaat', reageerde Yotta. 'Muziek kun je tenminste voelen!'

Yocto wilde zich niet laten kisten, en zei: 'Een viool is net zo dood! Dat ding laat alleen maar muziek horen als iemand erop speelt!'

Yotta glimlachte. 'Maar een viool klinkt anders als hij het koud heeft of warm, als de lucht om hem heen vochtig is of droog. Dus een viool leeft!' zei ze triomfantelijk. 'Kom op, naar de zolder!'

Hoezeer Yotta en Yocto ook van elkaar verschilden, ze waren een tweeling en sommige dingen deden ze heel graag samen. Op zolder rondsnuffelen bijvoorbeeld.

De zolder had ontelbare kleine kamertjes. Nou ja, in ieder geval zoveel kamertjes dat Yotta en Yocto ze nog nooit allemaal hadden geteld. Geen enkele kamer was groter dan twee bij twee meter. Sommige zaten op slot. Andere stonden altijd open. Het was er wel erg stoffig. Als Yocto er ging rondzoeken, moest hij altijd niezen. Yotta had daar geen last van, en moest altijd lachen als Yocto weer eens moest niezen. Er lagen zoveel spullen dat de tweeling er nog nooit aan was toegekomen om alles overhoop te halen. Kisten met rommelspullen, oude apparaten, flesjes met de meest vreemde stofjes, stenen van over de hele wereld, kasten met boeken.

In de vorige zomervakantie had Yocto in een kast een boek met de titel *Strijd om de Zuidpool* gevonden. Dat bleek het dagboek te zijn van een poolreiziger die als eerste de Zuidpool probeerde te bereiken. Hij en zijn expeditieleden kwamen echter niet als eerste aan. De teleurstelling was groot. Op de terugweg was het weer zo slecht en koud dat ze doodvroren. Hij had het ademloos gelezen.

Yotta had een tiendelige serie over componisten gevonden. Als ze nu een stuk van Brahms moest spelen, of van Mozart, dan ging ze eerst altijd iets over die componist lezen. Ze voelde dat ze een muziekstuk beter kon spelen als ze iets over het leven van de componist wist.

'Zullen we verder zoeken in de kamer waar we de laatste keer waren gebleven?' stelde Yotta aan haar broertje voor.

'Prima', zei Yocto.

Ze beklommen de trap naar de zolder en keken om zich heen.

'Welke kamer was het ook al weer?' vroeg Yotta.

'Die daar', zei Yocto. 'Het was de kamer met die deur zonder deurklink.'

Ze liepen naar binnen.

'O ja, dat is dezelfde kamer als de laatste keer', zei Yotta.

Ze begonnen te zoeken. Ze schoven wat boeken aan de kant en zagen een doos staan. Yotta opende de doos en haalde er een microscoop uit.

'Wauw, wat een mooi ding!' zei Yocto.

'Ik wil er het eerste door kijken!' zei Yotta.

Yocto liep naar een kistje met stenen dat hij de vorige keer in deze kamer had gevonden. Hij haalde er een mooie, groene steen uit en gaf die aan Yotta. 'Hier, leg deze er maar onder.'

'Ik wil geen dooie steen', zei Yotta, 'Ik wil iets levends.' Ze stond op en liep terug naar de gang. Ze boog zich voorover en inspecteerde de grond.

'Ha... kijk, Yocto... hier heb ik een mier... die ga ik onder de microscoop leggen.'

Ze liep terug de kamer in en stopte de mier in een rond slingerend luciferdoosje.

'Hou jij het doosje maar vast', zei ze tegen Yocto. 'En als hij eruit klimt, duw je hem maar weer terug het doosje in.'

Yotta zette de microscoop op de grond en Yocto hield het doosje met de mier onder de microscoop.

'Ik zie duidelijk dat de mier uit drie delen bestaat', zei Yotta. 'Een kop, een romp en een achterstuk. Ik zie de ogen... ik zie een soort antennes... en ik zie een mond...'

'Nu wil *ik* kijken', zei Yocto. Hij kon niet meer wachten.

'De wereld wordt opeens zo anders als je door een microscoop kijkt', zei hij. 'Je kunt er je eigen horrorfilm mee maken. Daar hoef je niet voor naar griezelfilms te kijken.'

Opeens schoof Yotta het doosje weg en legde haar hand eronder.

'Wat zie je nu?' vroeg ze.

'Ik zie allemaal kromme lijnen', zei Yocto. 'Angstaanjagend.'

'Laat mij nog eens kijken', zei Yotta. Ze ging haar eigen hand bekijken. 'Alsof ik mijn hand binnendring.'

'Stel dat je een steeds sterkere microscoop bouwt?' vroeg Yocto. 'Wat krijg je dan te zien? Dan gaan die lijnen steeds verder uit elkaar liggen en duik je een diepe kloof in.'

'Als ik in mijn vinger prik, druppelt er bloed uit', zei Yotta.

'Dus als je steeds dieper in je vinger kunt kijken, dan moet je wel een keer bij het bloed uitkomen', dacht Yocto hardop mee. Hij trok een vies gezicht: 'Getverderrie.'

'Ik wil de microscoop aan vader en moeder laten zien', zei Yocto. De tweeling verliet de zolder en liet het instrument trots zien aan hun vader, die nog ziek op bed lag. Moeder zat naast hem.

'Hebben jullie hem eindelijk gevonden?' zei vader. 'Prachtig hè? ...Dat je door het gebruik van goede lenzen ineens zoveel meer kunt zien. Ik hoop dat jullie er nog veel plezier aan beleven.'

'Heb jij hem dan niet meer nodig?' vroeg Yocto.

'Ach, voorlopig in ieder geval niet', zei vader. 'En als ik hem nodig heb, dan leen ik hem wel van jullie.'

De volgende dagen rustte de tweeling vooral veel uit. Na drie dagen waren ze de vermoeidheid van het afgelopen schoolseizoen alweer vergeten. 'Volgende week wil ik beginnen met het bouwen van een boshut', zei Yocto. 'Maar nu wil ik wel eens een heel nieuwe zolderkamer overhoop halen.'

'Daar heb ik ook wel zin in', zei Yotta.

Ze gingen naar hun vader en vroegen of hij niet een zolderkamer wist waar ze zeker nog niet eerder waren geweest. Vader dacht een hele tijd na. Toen zei hij: 'Goed... Jullie zijn nu twaalf.'

'Plus zes maanden en drie dagen', voegde Yocto snel toe. 'Dat is dichter bij dertien dan bij twaalf!'

'Misschien is dat oud genoeg... Nou ja, eigenlijk doet de leeftijd er ook niet toe... Hoe dan ook. Ik zal jullie een plattegrond geven van een deel van de zolder. En ik zal er een kamer op aangeven waar jullie nu mogen gaan rondkijken. De sleutel geef ik erbij. Wel netjes alles terugleggen. Ik hou niet van rommel.'

Het is op zolder in al die kamertjes toch een en al rommel, dacht Yotta. Hoe kan hij dat nou zeggen? Ze wist wel dat vader altijd zei dat het alleen maar een rommel léék. Zelf wist hij altijd alles precies te vinden op zolder, beweerde hij.

Yotta en Yocto bestudeerden de kaart van de zolder. Ze hadden tot nu toe eigenlijk alleen maar wat willekeurig op zolder rondgezocht. Oriënteren op zo'n platte kaart was daarom moeilijk. Ze zagen de deuren en muren niet. Die konden ze meestal goed herkennen. Maar wat zag je nou op een kaart? Eigenlijk alleen maar richtingen: rechtdoor, linksaf, rechtsaf. Toch zagen ze nu pas dat de zolder er op deze kaart eigenlijk heel geordend uitzag. De kamertjes zagen er allemaal vierkant uit. De gangen liepen daar netjes recht tussendoor. Een ruitjespatroon van gangen. De ingang, waar de zoldertrap de gigantische zolder bereikte, stond duidelijk aangegeven. De kamer die vader had aangekruist lag ver weg. Dat was duidelijk. Geen wonder dat ze daar nooit eerder waren gekomen.

'Laten we maar snel naar boven gaan', zei Yotta.

'Ja, en dan tellen we gewoon hoeveel kamers we voorbij lopen voor we ergens links- of rechtsaf slaan', zei Yocto.

Ongeduldig renden ze de zoldertrap op en kwamen hijgend boven aan. Ze hielden de kaart voor zich en oriënteerden zich. Eerst drie kamers naar links, dan veertien naar rechts. Ze begonnen te lopen en telden hardop hoeveel kamers ze al waren gepasseerd. Het leek er steeds stoffiger te worden. Yocto begon al te niezen. Overal hingen spinnenwebben.

'Nu nog één naar links en vijf naar rechts... We zijn er', riep Yotta.

13

Eindelijk stond de tweeling voor de kamer die vader had aangekruist. Yotta stak de sleutel in het slot, draaide hem om en opende de deur. Yocto had zijn neus nog niet de kamer in gestoken, of hij werd overvallen door een lange niesbui.

'Hoe dikker de lagen stof, hoe langer je niest', lachte Yotta. 'Je bent een soort stofmeter.'

Toen Yocto eindelijk uitgeniest was, keken ze eens goed om zich heen.

'De kamer is leeg!' zei Yocto verbijsterd. 'Waarom stuurt vader ons naar een lege rommelkamer? Een rommelkamer zonder rommel is toch geen rommelkamer?'

'De kamer is niet helemaal leeg', zei Yotta. 'Kijk, daar ligt iets...'

En inderdaad. De kamer was leeg, behalve in één hoek. Daar lag wel degelijk iets. Yotta en Yocto liepen naar de hoek. Er lag een dikke laag stof op de vloer. Yocto bukte zich naar de hoek, en veegde het stof over het voorwerp weg. Een houten doos kwam tevoorschijn. Op de bovenkant stond iets met sierlijke letters in het hout gebrand.

'Doos van licht, lucht en liefde', las Yocto hardop.

'Vreemde naam', zei Yotta.

'Heel vreemde naam', zei Yocto.

'Maak open!' riep Yotta ongeduldig.

Yocto probeerde de doos te openen, maar het lukte niet. Er was geen beweging in te krijgen. Hij bekeek de doos van alle kanten. Aan de onderkant had vader zijn naam en adres in het hout gekerfd. Daarnaast zat een cijferslot.

'Een slot met maar liefst vijf cijfers', zei Yocto.

Yocto had wel vaker cijfersloten in zijn handen gehad. Het slot van zijn fiets had maar drie cijfers. Hij wist dat hij dan duizend mogelijkheden had. Duizend getallen van drie cijfers kon hij maken, van 000 tot 999.

'Met vijf cijfers kun je wel tien maal tien, maal tien, maal tien, maal tien... is honderdduizend getallen maken. Hoe weten we nou met welke combinatie we de doos openen?' Moedeloos keek hij zijn zusje aan. 'Dan moeten we wel heel lang proberen. En we hebben maar zes weken vakantie.'

Maar Yotta had een ander idee. 'Als jij zelf een getal mag kiezen voor een cijferslot, welk getal kies je dan?' vroeg ze aan Yocto.

'Nou, een getal dat ik makkelijk onthoud maar dat ook weer niet te makkelijk is. Allemaal dezelfde cijfers, zoiets als 1111 of 7777, is wel erg makkelijk. Ik zou m'n geboortejaar kunnen kiezen, als het een slot van vier cijfers is. Of de laatste twee cijfers van m'n geboortejaar, aangevuld met de twee cijfers van m'n geboortemaand... Maar we hebben nu een slot met vijf cijfers', zei Yocto.

'Degene die het slot heeft ingesteld, heeft waarschijnlijk een getal gekozen dat voor hem persoonlijk iets betekent, een getal dat hij toch al moet onthouden', zei Yotta. 'Zo zijn de meeste mensen.'

Yotta keek nog eens op de kaart die hun vader hen had gegeven. Drie kamers naar rechts, dan veertien naar links, één naar rechts en vijf naar links. 3-14-1-5...dat waren vijf cijfers in totaal. Ze greep de doos uit Yocto's handen en stelde de cijfers van het slot in. Ze trok aan het deksel en tot haar eigen grote verbazing schoot de doos open.

'Wat moet dat nou voorstellen?' riep Yotta. De doos was verdeeld in kleine houten vakjes, met in elk vakje een buisje.

De ongeduldige Yotta wilde een aantal buisjes tegelijk uit de doos grissen, maar Yocto hield haar tegen: 'Wacht nou even! Wie weet wat er in die buisjes zit. Laten we voorzichtig zijn. Kijk, op elk buisje staat een nummer geschreven. Allemaal getallen van 1 tot 92. En op elk buisje staan ook nog letters. Een buisje met H, eentje met He, C, N, O... en nog veel meer.'

Het was Yotta die het eerste buisje uit de doos haalde. Het buisje met nummer 1: H.

'Er zit helemaal niks in', zei ze. 'Ik zie niets!'

Toen was het Yocto die het buisje met nummer zes en de letter C eruit haalde. 'Er zit iets zwarts in.' Vervolgens griste hij nummer 79 uit de doos, met de letters Au. 'Wat een mooi glinsterend plakje. Het lijkt wel goud. En kijk hier! Wat staat hier op? Nummer 80... Hg... Wat een mooie zilverkleurige stof!' Hij schudde het buisje voorzichtig. 'Hmmm... iets stroperigs, iets plakkerigs.'

Een voor een haalden Yotta en Yocto de buisjes uit de doos en bekeken nauwkeurig wat erin zat. Soms leek er niets in te zitten. Meestal zat er een of ander ruw stukje materiaal in. Een enkele keer een vloeistof.

'Ik mis één buisje', zei Yocto. 'Nummer 61 zit er niet bij...'

'Nee, ik zie het ook niet', zei Yotta. 'Het zal er toch niet uitgevallen zijn?' Ze keek om zich heen, maar zag niets liggen.

'Ik zie het ook niet', zei Yocto. 'Dan zal het er ook wel niet hebben ingezeten. Toch is me dat niet opgevallen toen we de doos openden...'
'Nee, mij ook niet', zei Yotta.

In alle opwinding over de ontdekking van de doos, hadden ze helemaal over het hoofd gezien dat er aan de binnenkant van het deksel een enveloppe zat vastgeplakt. Pas toen ze alle buisjes weer een voor een hadden teruggestopt, ontdekte Yotta de enveloppe. Ze scheurde hem open. 'Er zit een brief in... en een soort ticket!' Ze las de brief hardop voor:

Lieve Yotta en Yocto,

Als jullie deze doos hebben gevonden, ligt hij vast en zeker onder een dikke laag stof. Stof ligt overal omdat het overal ontstaat: overal op aarde en overal in de ruimte. Kleine stofdeeltjes brokkelen af van jullie lichamen, van jullie kleren, van jullie boeken, van de muren van jullie kamers. Stof ontstaat omdat alle dingen vroeg of laat uit elkaar vallen. Tafels, stoelen, mensen, dieren, planten, planeten, sterren.

...Stof ontstaat overal, en stof slaat overal neer...

...Stof was het begin, en stof is het einde...

Ontdekkingen liggen voor het grijpen, als je maar het stof van de dingen af veegt. In het stof dat op deze doos ligt, kunnen best stukjes kamelenhaar zitten, stukjes insectenvleugel, stukjes mensenhuid, stukjes zeezout, stukjes autoband, stukjes kleding. Als jullie het stof van deze doos hebben geveegd, dan zien jullie dat dit een heel bijzondere doos is: Doos van licht, lucht en liefde.

Waarom zo'n gekke naam voor een houten doos met glazen buisjes? Bij deze brief zit ook een vliegticket voor een lange reis. De reis zal jullie naar een aantal prachtige en bijzondere plekken op aarde brengen. Kijk daar goed rond. Denk goed na. Stel vragen aan iedereen die jullie maar tegenkomen op reis, maar geloof niet zomaar iedereen. Iets geloven is oneindig veel makkelijker dan iets bewijzen. Als jullie dat allemaal doen, komen jullie vast en zeker te weten waarom deze doos zo heet. Het heeft in ieder geval alles met stof te maken, met dingen, levend en niet-levend.

Er is niets mooier en spannender dan zelf ontdekken hoe de wereld in elkaar zit. Hoe meer jullie de natuur begrijpen, hoe mooier zij wordt. Worstel, zoek, vind en geef nooit op!

Veel liefs van Vader en Moeder

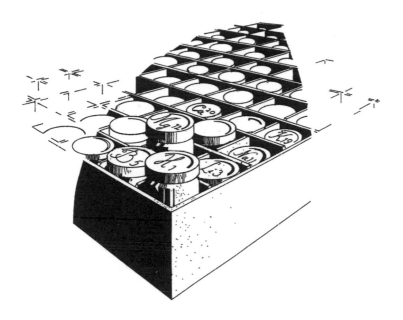

Yotta en Yocto waren met stomheid geslagen

'We zijn met Pinkeltje naar de ijsheks gereisd', zei Yocto, 'en met kapitein Nemo twintigduizend mijlen onder zee, met Arendsoog naar het Wilde Westen, met de Grote Bosatlas rond de wereld. Ik heb het gevoel dat we al veel hebben gereisd, maar dan wel met een boek en een zaklamp onder de dekens...'

'Reizen in je eigen hoofd', vulde Yotta aan.

'Precies', zei Yocto. 'Een paspoort hadden we alleen maar omdat we er met vriendjes een ontworpen hadden. Weet je nog dat we een houten bankje als grenspost gebruikten?'

'Ja', zei Yotta. 'Dat bankje zetten we altijd midden op het zandpad achter ons huis. Iedereen die dan langs wilde, moest stoppen. De vriendjes die bij de grens stonden controleerden de paspoorten en zetten er stempels in.'

Zo hadden Yotta en Yocto jarenlang gedagdroomd dat ze van het ene naar het andere exotische land trokken. Dat was hun manier van reizen, gewoon in hun hoofd, met een boek of op een fietsje, dromend over de nepstempels van de neplanden in hun neppaspoorten.

'Nu kunnen we eindelijk echt de wijde wereld in trekken en de natuur onderzoeken!' riep Yocto, terwijl hij de brief door de lucht zwaaide. 'En dat allemaal door die geheimzinnige doos! Laten we onze rugzakken gaan inpakken! We hebben maar zes weken vakantie!'

De tweeling kon niet wachten om deze gekke vondst aan hun ouders te laten zien. Yotta keek op de kaart die vader hun had gegeven.

'Kom op', zei ze tegen Yocto, 'we rennen terug. Hou jij de Doos maar goed vast.'

Zo rende de tweeling eerst door de gangen heen en daarna naar beneden.

Yotta stormde als eerste de woonkamer binnen. 'Wat we nou toch hebben gevonden! ...'

Vader keek blij. 'Eigenlijk had ik jullie pas over een paar jaar de Doos willen laten vinden', zei hij. Hij zuchtte. 'Maar ik moet jullie iets vertellen.'

Hij zuchtte dieper.

'Ik ben ziek.'

'Ja, dat wisten we al', zei Yocto.

'Maar ik ben heel ziek', zei vader.

'Hoe bedoel je?' vroeg Yotta.

'Nou, zo ziek dat ik misschien wel niet meer beter word', ging vader verder. 'De dokter heeft gezegd dat ik waarschijnlijk nog maar een jaar heb te leven.'

Yotta en Yocto werden er stil van. Ze wisten niet wat ze moesten zeggen.

'Jullie hoeven niets te zeggen', zei vader, die wel zag dat de tweeling zich geen houding wist te geven.

'Jullie kunnen wel iets voor mij doen. Iets wat ik zelf zeker niet meer voor elkaar krijg.'

'Wat dan?' vroeg Yotta.

Vader nam de Doos in zijn handen. 'Het gaat om de Doos die jullie net hebben gevonden.'

'Ik wil zo graag de wereld zien', zei Yotta. 'Maar die reis met de Doos gaat nou natuurlijk niet door.'

'Juist wel', zei vader. 'Daarom heb ik jullie vandaag naar die kamer

laten zoeken.' Hij pakte met zijn ene hand Yotta vast en met zijn andere hand Yocto. 'Toen ik zo oud was als jullie, begon ik stenen te verzamelen. Stenen van over de hele wereld. Eerst ging het me alleen maar
om de stenen zelf. Sommige glanzend en doorzichtig. Andere ruw en
ondoorzichtig. Ik kocht ze op markten. Ik hield van de exotisch klinkende namen van die stenen. Namen als Aquamarijn, Dolomiet, Pyriet
en Robijn. Maar ik ging zelf ook met een hamer en een beitel stenen
uithakken waar het maar kon. Later wilde ik meer. Ik ging de stenen uit
elkaar halen, tot gruis slaan. Ik ging de stofjes isoleren waar zo'n steen
uit bestaat. Alle verschillende stofjes ging ik in buisjes verzamelen. Zo
ontstond deze Doos. Ik heb er dertig jaar over gedaan de stofjes die in
deze Doos zitten bij elkaar te verzamelen. Maar mijn werk is nog niet
af. De verzameling is nog niet compleet. Ik mis nog één stofje.'

'Nummer 61!' zei Yocto. 'We hebben gezien dat er geen buisje met
nummer 61 in zit!'

'Precies', zei vader. 'Die ontbreekt nog. Ik dacht dat ik nog de rest
van m'n leven had om dat stofje ergens op aarde te vinden, maar nu is
het te laat voor mij. Ik ben te zwak om het nog te gaan zoeken. Ik zou
graag willen dat jullie de Doos compleet maken. Ik heb nummer 61
nooit te pakken gekregen.'

'Hoe kunnen we nu ergens naar gaan zoeken, als we niet weten wat
we zoeken?' vroeg Yotta. 'We weten niet eens wat die Doos voorstelt...
Doos van licht, lucht en liefde... Stomme naam!'

'Ik wil dat jullie dat zelf uitzoeken', zei vader. 'Daar zijn jullie nu oud
genoeg voor. Als je zelf dingen uitzoekt, begrijp je ze beter. Het is mij
nooit gelukt om de verzameling compleet te maken. Ik hoop dat het
jullie wel lukt. Als ik de complete verzameling heb, kan ik met een
gerust hart sterven.'

'Je moet er helemaal niet van uit gaan dat je gaat sterven', kwam
moeder ertussen. 'De doktoren proberen je toch beter te maken? Je moet
optimistisch blijven.'

Vader schudde zijn hoofd. 'De artsen geven me maar hoogstens tien
procent kans dat ik het haal. Dat is weinig.'

'Dat is nog altijd één van de tien mensen', zei moeder. 'Dus jij kunt
die ene zijn.'

'Die kans is klein', zei vader.

'Toch moet je blijven hopen', zei moeder.

'Natuurlijk moet je blijven hopen', zei Yotta. 'Je haalt het wel! Je moet het redden!' Ze snikte even. 'Er zijn genoeg slechte mensen op deze wereld die beter kunnen doodgaan dan jij!'

Yocto durfde niets te zeggen. Hij dacht hetzelfde als zijn vader. Een kans van één op tien... dat is niet veel.

'Met mijn gezondheid kunnen jullie me niet helpen', ging vader verder, 'maar met de Doos wel. Morgen gaan mamma en ik jullie naar het vliegveld brengen. Ga jullie spullen maar pakken.'

'En mijn viool dan?' vroeg Yotta bezorgd. 'Ik kan het hem niet aandoen om hem steeds mee te slepen. Veel te gevaarlijk. En hij zou er van in de war raken. Maar ik vind het moeilijk zonder hem weg te moeten gaan.'

'Dan laat je de viool thuis en neem je het lege vioolkoffertje mee', zei moeder. 'Voor het goede gevoel.'

'Ja, dat is een goed idee', zei Yotta blij. 'Yocto neemt de Doos met buisjes, en ik mijn vioolkoffertje. Dan voel ik de viool toch een beetje bij me.'

'Een leeg vioolkoffertje meenemen?' zei Yocto. 'Wat een stom idee.'

'Helemaal niet stom', sprong moeder haar dochter bij. 'Eén koffertje voor het gevoel en één voor het verstand', glimlachte ze. 'Jullie zullen ze allebei nodig hebben.'

Vader keek Yotta aan en zei: 'Jij hebt altijd al veel van de wereld willen zien. Nu heb je de kans.' En tegen Yocto sprak hij: 'Ik hoop dat je met de Doos te weten komt wat je allemaal zo graag wilt weten over al die dingen om ons heen.'

Hij klopte op de Doos. 'Jullie doen me een enorm plezier door met deze Doos op reis te gaan.'

HOOFDSTUK 2
Meer vragen dan antwoorden

'**I**k ben blij dat ik wat van de wereld kan gaan zien', zei Yotta tegen haar broertje, toen ze op het vliegveld van hun ouders afscheid hadden genomen. 'Maar ik weet niet of ik wel blij *mag* zijn. Nu gaan we op reis om de Doos compleet te maken. En alleen omdat vader daar zelf te ziek voor is.' Yocto zweeg. Ze liepen door een lange slurf het vliegtuig in. Pas toen ze op hun plaatsen waren gaan zitten, zei Yocto: 'Vader zei dat hij blij is dat wij met de Doos op reis kunnen gaan. Ik wil dat ontbrekende buisje voor hem vinden. Dat is wel het minste wat we voor hem kunnen doen.'

Yocto hield de Doos stevig vast toen het vliegtuig opsteeg. Yotta klemde haar vioolkoffer tegen zich aan. Je wist maar nooit. De tweeling had nog nooit in een vliegtuig gezeten. Wat waren de huizen klein vanuit de lucht! De rivier verschrompelde tot een minuscuul stroompje. De bergen krompen tot molsheuvels. Binnen de kortste keren gleden ze de wolken in.

'Wat een mist!' zei Yocto angstig. 'Ik zie niets meer.'

'Een vreemd gevoel dat je in de wolken gewoon kunt vliegen', zei Yotta, die er ook niet gerust op was. 'De piloot kan zo toch helemaal niets zien?!'

Ze zaten ter hoogte van de vleugels en keken naar buiten. De vleugels hingen rustig in de lucht.

'Een vogel moet flink met de vleugels klappen om te vliegen', zei Yotta. 'Zo'n vliegtuig heeft het veel makkelijker. Hij heeft grote motoren aan de vleugels hangen.'

Inmiddels waren ze al boven de wolken terechtgekomen. Alsof ze over een soort bed van gigantische watten vlogen.

De zon scheen hier weer.

'Boven de wolken is het nooit bewolkt', zei Yocto.

'Schijnt hier dan altijd de zon?' vroeg Yotta.

'Ik denk het wel', zei Yocto, 'er is geen wolk die hier het zonlicht nog kan tegenhouden.'

Het vliegtuig klom nog steeds de hemel in. Het wolkendek zakte dieper en dieper. Op een gegeven moment riep de piloot om dat ze op tien kilometer hoogte vlogen. Op deze hoogte zouden ze verder vliegen naar IJsland. Volgens het vliegticket uit de Doos was dat de eerste bestemming. Ze hadden geen flauw benul waarom dat de eerste stop was.

Yocto had een raamplaats. Yotta zat in het midden, en naast haar zat een jonge man die een schaakcomputer tevoorschijn had gehaald. Diep in gedachten verzonken begon hij een partijtje schaak tegen de computer. Yotta keek aandachtig mee. Ze had nog nooit geschaakt.

'Hoe werkt dit spel?' vroeg Yotta na een paar zetten aan de jongeman. Ze schrok er zelf van dat ze de schaker zo uit zijn concentratie haalde. Maar de jongeman scheen totaal niet verbaasd te zijn. Hij begon rustig uit te leggen.

'Twee spelers spelen op een vierkant bord van 64 vakjes. Er zijn afwisselend witte en zwarte vlakjes, in totaal 32 witte en 32 zwarte vlakjes. Elke speler heeft zestien stukken: acht pionnen, twee torens, twee paarden, twee lopers, een koning en een koningin. Elk stuk van een bepaalde soort mag volgens zijn eigen regel over het bord bewegen. Zo mag een loper alleen maar diagonaal bewegen. Een toren mag alleen maar horizontaal of verticaal bewegen.'

Hij spreekt ook net als een computer, dacht Yotta, terwijl de schaker nog wat andere regels uitlegde. Daarna liet hij zien welke zetten hij allemaal kon spelen in zijn partij tegen de computer.

'Het mooie van schaken is dat je met een beperkt aantal stukken en met een beperkt aantal regels per stuk, toch oneindig veel verschillende partijen kunt spelen. De regels leren is eenvoudig, maar dat betekent nog helemaal niet dat je dan ook goed kunt schaken. Het is moeilijk om een goede volgende zet te bedenken. En je moet ook nog eens proberen te begrijpen waarom je tegenstander een bepaalde zet doet.'

De schaker boog zich een beetje omlaag. Door het kleine vliegtuigraampje keek hij naar buiten. Ze vlogen nog boven land, maar zagen in de verte al de zee.

'Kijken naar de wereld is zoiets als kijken naar een gigantisch groot schaakspel', begon de schaker. 'De natuur heeft ooit de regels vastgelegd en wij mensen kijken nieuwsgierig naar het spel van de natuur. We bestuderen dat spel en proberen zo achter de regels te komen. De zeegolven beneden ons gehoorzamen aan golvenregels. De wind gehoorzaamt aan windregels. De wolken gehoorzamen aan wolkenregels. De natuur is heel bijzonder. Veel regels lijken op het eerste gezicht verschillend, maar als je beter kijkt, zijn ze eigenlijk hetzelfde. Het is alsof eerst iemand een muziekstuk op een viool speelt, en daarna het zelfde stuk op een fluit. Het klinkt anders en toch zijn het dezelfde muzieknoten. Zo is het soms ook in de natuur. Windregels blijken dan gelijk aan golvenregels. Er blijkt een superregel te bestaan voor alles wat stroomt.'

'Als we die superregels ooit te weten komen, begrijpen we dan alles van de natuur?' vroeg Yocto, in zijn nopjes met de uitleg van de schaker.

'De natuur zit nog veel ingewikkelder in elkaar dan het schaakspel', antwoordde de schaker met een diepe zucht. 'Het is onmogelijk om alles van de natuur te begrijpen, zelfs al zouden we alle regels kennen.'

'Zie je wel', zei Yotta tegen Yocto. 'Hij zegt dat je niet eens alles kunt begrijpen. Toch wil jij altijd alles begrijpen. Dat kan dus niet. Je weet toch ook niet waarom ik niet en jij wel van chocoladepudding houdt?' Triomfantelijk trommelde ze op haar vioolkoffertje. Ze gaf een klein zwiepje met haar paardenstaart tegen Yocto aan.

'Volgens mij kun je wel alles begrijpen', antwoordde Yocto. 'Misschien is het heel moeilijk om te begrijpen waarom ik wel en jij niet van chocoladepudding houdt, maar ik denk dat het wel kan. Vroeger wisten de mensen niet dat de aarde om de zon draait. Nu weten we dat wel.' Yocto wilde niet geloven dat hij sommige dingen nooit zou begrijpen. Hij draaide zich naar de schaker en vroeg: 'Welke superregels heeft de natuur dan?'

'Ik wil jullie niet alles verklappen', zei de schaker, 'maar ik zal jullie één belangrijke superregel uitleggen. Dat is de regel van de zwaartekracht. Het is een regel voor alle voorwerpen die massa hebben. Hele grote dingen, maar ook hele kleine. Deze regel zegt dat alles wat massa heeft aan een andere massa trekt.'

Yotta fronste: 'Dus Yocto trekt een beetje aan mij, net zoals ik een beetje aan Yocto trek?'

'Dat is zo', antwoordde de schaker. 'Maar omdat jullie veel minder wegen dan de aarde, de maan of de zon, trekken jullie elkaar zo weinig aan dat jullie daar helemaal niks van merken. De meeste dingen zijn veel te licht om te merken dat ze je aantrekken. Alleen bij iets heel groots, zoals een planeet of een maan, merken we de aantrekkingskracht. De aarde en de maan trekken elkaar aan, en daarom cirkelt de maan rond de aarde. De zon en de aarde trekken ook aan elkaar. Dat is de reden dat de aarde rond de zon draait.'

'Maar de aarde staat heel ver van de zon', zei Yotta. 'Voelt de aarde dan toch iets van de zon?'

'Hoeveel je van de zwaartekracht merkt, hangt af van hoeveel massa dingen hebben, maar ook van de afstand tussen dingen. Hoe verder weg, hoe minder je van de zwaartekracht merkt. Boven op een hoge bergtop weeg je al een paar honderd gram minder dan aan de voet van de berg.'

'We vliegen nu op tien kilometer hoogte. Dan zijn we dus ook iets lichter dan wanneer gewoon thuis zouden zijn?' vroeg Yocto.

'Precies. De aarde trekt aan alle voorwerpen op aarde: aan mensen, dieren, planten, bergen, huizen, zeeën. Niets ontsnapt aan de zwaartekracht. Zwaartekracht zorgt ervoor dat jullie normaal met twee benen op de grond blijven staan. Door de zwaartekracht vallen dingen naar beneden als je ze loslaat. Als een appel loslaat van de boom, valt hij naar beneden toe. Als een glas uit je hand glipt, valt het op de grond neer.'

Yocto keek uit het raam. Het was nog klaarlicht, maar hij zag toch de lichte schijf van de volle maan staan.

'Hoe merken we dat de maan ook aan de aarde trekt?' vroeg Yocto.

'Dat merken we bijvoorbeeld aan het water van de zee. Het oceaanwater dat het dichtste bij de maan staat, wordt harder dan gemiddeld naar de maan getrokken. Het oceaanwater het verst van de maan vandaan wordt minder dan gemiddeld aangetrokken. Daardoor ontstaat er aan de ene kant een waterbult naar de maan toe en aan de andere kant een waterbult van de maan vandaan. Daardoor ontstaan eb en vloed.'

Yocto glunderde en hij stootte Yotta aan. 'Die zwaartekracht zorgt er ook voor dat de planeten rond de zon draaien. Dat is wat mijn computerprogramma berekent! Misschien kan iemand ooit wel een computerprogramma schrijven dat berekent waarom ik wel en jij niet van chocoladepudding houdt? Of waarom jij boos of blij bent.' Hij trok zijn rechteroor even op.

'Nou, ik geloof er helemaal niks van', zei Yotta. 'En ik wil het eigenlijk ook niet weten.'

'Ik zou het wel willen weten!' zei Yocto.

'Ik zou het ook wel willen weten', zei de schaker, 'maar ik geloof niet dat dat ooit kan. Toch kun je met een computer wel veel uitrekenen. Dat komt omdat je alle regels die de natuur beschrijven kunt opschrijven in formules. In zo'n formule staan grootheden die je kunt tellen: massa, afstand en tijd bijvoorbeeld. Al die grootheden kun je meten. Je gaat op een weegschaal staan en meet hoeveel je weegt. Je neemt een liniaal en meet hoe lang je tafel is. Je neemt een nauwkeurig horloge en meet hoe lang de vlucht duurt of hoe snel voorwerpen vallen... Wisten jullie dat als er geen luchtwrijving is, alle voorwerpen even snel naar de aarde toe vallen?'

'Als ik een boek van ons balkon naar beneden gooi, dan raakt dat toch eerder de grond dan een vel papier?' wierp Yocto tegen.

'Dat komt alleen door de luchtwrijving', antwoordde de schaker. 'De luchtwrijving remt het vel papier veel meer af dan het boek.' Hij nam een boek uit zijn tas en een vel papier, en gaf beide aan Yotta.

'Ga maar even in het gangpad staan. Hou het boek in je rechterhand en het vel papier in je linkerhand, op dezelfde hoogte. Laat ze vervolgens allebei tegelijk los.'

Yotta liet ze allebei tegelijk vallen. Het boek kwam het eerste op de grond terecht. De passagiers die vlakbij zaten keken vreemd op. Hun blikken waren zelfs verwijtend.

'We doen een belangrijke proef met de zwaartekracht', zei de schaker tegen de verbaasde passagiers. 'Leg het vel papier nu boven op het boek, en laat het boek nog eens vallen', ging de schaker verder.

Sommige passagiers begonnen boos te kijken, maar dat kon Yotta niets schelen. Ze had er juist plezier in. Ze liet het boek met het vel papier erop uit haar handen vallen. Het vel papier en het boek vielen allebei even hard naar beneden en raakten dus precies tegelijk de grond. Verbaasd raapte Yotta het boek en het vel papier op en herhaalde de proef. Er gebeurde precies hetzelfde.

'Hoe kan dat nou?' riep Yotta hoogstverbaasd.

'Vaak kun je alleen maar achter de regels van de natuur komen als je een proef onder gecontroleerde omstandigheden uitvoert', zei de schaker. 'Luchtwrijving verstoort de valproef. Als je iets over vallende dingen en zwaartekracht wilt weten, is het het beste om alle andere storende factoren uit te schakelen. Dat hebben we in deze proef ook gedaan. De natuur is altijd erg ingewikkeld. Daarom hakken we haar eerst in stukjes. Dan proberen we eerst die kleinere stukken te begrijpen. Daarna gaan we die stukken weer in elkaar zetten. Net zoals je van de auto-onderdelen weer een rijdende auto bouwt. Het experiment is de belangrijkste test voor alle kennis die we hebben. Stel dat we een nieuwe planeet ontdekken die geen zwaartekracht voelt en die ook geen aantrekkende zwaartekracht uitoefent. Dan moeten we onze basisregel over de zwaartekracht aanpassen. Maar zoiets geks hebben we nog nooit ontdekt. Alles wat massa heeft, oefent een aantrekkende kracht uit.'

Toen Yocto dat hoorde, haalde hij de Doos te voorschijn en opende het deksel: 'In de meeste van deze buisjes zit ook een klein beetje massa.'

De schaker fronste. 'Wat is dat voor een doos?'

'Ja, dat vragen wij ons ook af', antwoordde Yotta. 'Daar proberen we nou net achter te komen. Volgens onze ouders zal onze reis ons dat duidelijk moeten maken. Er zitten een heleboel buisjes in de Doos, en een vliegticket dat ons langs een aantal bijzondere plekken op aarde moet brengen. IJsland is de eerste stop.'

'Bijzondere doos', zei de schaker, terwijl hij diep na begon te denken. 'We kunnen veel meer vragen over de natuur stellen, dan we antwoorden kunnen vinden. Als je de wereld om je heen wilt ontdekken komt het er op aan om de juiste vragen te stellen. Dus als jullie die doos willen begrijpen, moeten jullie je afvragen wat er in de buisjes zit. Wat hebben ze met elkaar te maken? Wat betekent de nummering? Wat betekenen de letters? Waarom is het spul in de buisjes op het oog zo verschillend?'

'Kijk', zei Yotta tegen de schaker. Ze liet haar vioolkoffertje zien. 'Ik heb ook een doos. Nou ja, meer een koffertje.'

'Speel jij viool?' vroeg de schaker.

'Ja', zei Yotta.

'Kun je niet een stukje spelen?'

'Mijn viool is thuis.'

'Wat zit er dan in het koffertje?'

'Nou... niets.'

'Waarom heb je hem dan meegenomen?'

'Ik oefen thuis elke dag met mijn viool. Ik hou van muziek. Ik hou van het spelen van muziek. Ik ben gehecht geraakt aan mijn viool. De viool is te kostbaar om mee te nemen. Door dit koffertje is mijn viool toch een beetje bij mij. M'n broertje vindt dat maar stom.'

'Ja', zei Yocto, 'wie neemt er nou een leeg vioolkoffertje mee?'

'Ik begrijp haar wel', zei de schaker. Dat verraste Yocto. 'Wat je in je hoofd voelt is net zo echt als wat je ziet, of proeft, of ruikt of hoort', ging de schaker verder. 'Als iemand je uitscheldt, kan dat net zo'n pijn doen als wanneer iemand je slaat. Het is misschien een ander soort pijn, maar het voelt allebei als pijn.' Hij zweeg even en zei toen: 'Gevoel is een traan die twijfelt tussen vreugde en verdriet.' Hij keek Yocto aan. 'En je wilt toch niet zeggen dat een traan niet echt is?'

Yocto begreep niet echt wat de schaker bedoelde. Maar het klinkt wel mooi, dacht hij.

Inmiddels naderde het vliegtuig IJsland. Yotta en Yocto keken uit het raam hoe het vliegtuig de daling inzette.

'Het lijkt wel een maanlandschap', zei Yotta.

'Kaal en verlaten', zei Yocto. Ik vraag me af of we wel goed zitten, dacht hij.

HOOFDSTUK 3

De aarde leeft

T ijdens de landing had Yocto enorme oorpijn gekregen. Hoe verder ze daalden, hoe groter de druk op zijn oren werd. Hij hoorde steeds minder van de geluiden om zich heen. Pas toen het vliegtuig al lang en breed was geland op het IJslandse maanlandschap, plopten zijn oren in één keer open. De pijn verdween en hij hoorde weer normaal.

'Zoiets heb ik nog nooit aan m'n oren gehad', zei Yocto tegen Yotta, terwijl hij zijn rechteroor weer even optrok. Dat was in ieder geval een teken dat alles weer goed met hem ging.

'Jij hebt ook altijd wat', antwoordde Yotta. 'Op onze zolder thuis moet je al niezen bij het minste of geringste stof. In het vliegtuig heb je last van je oren als het gaat dalen. Hoe kunnen we nou een tweeling zijn als we zo van elkaar verschillen?'

Geërgerd gaf Yocto zijn zusje een lichte por. Ze stonden van hun plaatsen op en door een lange slurf verlieten ze het vliegtuig. De schaker liep zwijgend en in gedachten verzonken met hen mee.

Het was maar een klein vliegveld. Het eerste wat de tweeling zag in de aankomsthal, was een gigantische poster. Op de poster zagen ze een stad met huizen, kantoren, auto's en bussen. En overal stond 'H_2' op geschreven.

'Welkom in de eerste waterstofwereld op aarde', zei de schaker.

'Waterstofwereld?' reageerde Yocto, 'wat is nou weer een waterstofwereld?'

'Kom', zei de schaker, die met de tweeling was meegelopen naar de aankomsthal. 'Ik moet in Reykjavik zijn, dus ik neem jullie wel mee in de waterstofbus naar de stad. Dan vertel ik nog wat over het eiland.'

Gedrieën liepen ze naar buiten. Het was een zomeravond, maar buiten was het niet warmer dan acht graden. In de verte zagen ze Reykjavik liggen, de hoofdstad van IJsland. Het landschap glooide hier slechts heel lichtjes. De bodem leek wel donkerbruin schuurpapier, maar dan duizend maal uitvergroot. Yocto zag een vuistdikke steen liggen, rende er naar toe en raapte hem op. Hij woog de steen in zijn hand en inspecteerde hem zorgvuldig.

'Het lijkt wel of mieren er in hebben gegraven. Er zitten allemaal kleine gangetjes in. Het is veel donkerder dan de stenen die ik thuis altijd zie.'

'Dat is basalt, een vulkanisch gesteente', zei de schaker. 'Het is gestolde lava. IJsland heeft zo'n tweehonderd vulkanen in allerlei soorten en maten. Het meeste basalt ligt er al tientallen miljoenen jaren. Op IJsland is de bodem voortdurend actief. Gemiddeld barst hier elke vijf jaar wel een vulkaan uit. Dan vormt zich weer nieuw gesteente.'

Yocto stopte het stuk basalt als het allereerste souvenir in zijn broekzak, en ze liepen verder naar de bushalte. Nog maar nauwelijks stonden ze bij de bushalte te wachten, of er kwam een blauwe bus aanrijden. 'Vetnisstrætisvagn' stond er met koeienletters opgeschreven, gevolgd door 'H_2'.

'Vet...nis...stra...tis...vagen', stamelde Yotta. 'Wat is dat?'

'Dat is IJslands voor waterstofbus', zei de schaker.

Ze stapten in en spoedig reed de bus weg. Voor het eerst waren Yotta en Yocto in het buitenland. Met open mond keken ze naar buiten. Een fascinerend maanlandschap waarop mensen hier en daar wat bebouwing hadden neergezet. Ze merkten dat de bus nauwelijks geluid maakte. En de andere auto's op de weg deden dat ook niet. Ook zagen ze geen uitlaatgassen uit de auto's en bussen komen.

'Waterstof is het geheim van het moderne IJsland', begon de schaker te vertellen. 'Onze bussen en auto's rijden niet op benzine, maar op waterstof. Onze vissersvloot vaart op waterstof en we halen de elektriciteit die we voor onze huizen en kantoren nodig hebben uit waterstof. De meeste landen halen hun energie uit olie, aardgas of kolen. Op IJsland halen we de energie uit waterstof. Onze waterstofwereld vervuilt de lucht niet. De waterstof halen we uit water en met de waterstof kunnen we makkelijk elektriciteit produceren.'

Op de borden langs de weg las de tweeling namen als Pingvellir, Akureyri en Langjökkul. Ze naderden Reykjavik. De stad had nauwelijks hoogbouw. Hij leek vrij klein. De daken van de huizen waren mooi gekleurd. Ze zagen rode, gele, blauwe en groene daken. Ze reden langs een baai en passeerden een metalen vikingschip.

'Reykjavik werd meer dan duizend jaar geleden gesticht', vertelde de schaker. 'Dat was in de tijd van de Vikingen. Als een historisch aandenken hebben ze daarom dat metalen vikingschip hier gemaakt. Reykjavik betekent trouwens 'rokerige baai'. Zo genoemd door de zichtbare stoom die op allerlei plaatsen vlakbij de hoofdstad uit de diepte omhoog spuit. Die moeten jullie gaan bekijken! Je voelt op dit eiland dat de aarde leeft!'

Aan de andere kant van de baai strekte zich een berg uit, hoewel niet al te hoog. Op advies van de schaker lieten ze zich afzetten bij jeugdherberg *De Jonge Onderzoeker*. Het was tijd om afscheid van hem te nemen. Yotta en Yocto hadden het idee dat ze wekenlang met de schaker hadden opgetrokken, maar het was niet eens een hele dag geweest. Ze bedankten hem voor zijn gezelschap en zijn geduldige uitleg bij al hun vragen.

'Veel plezier op IJsland en succes met jullie Doos', riep de schaker hen na, toen Yotta en Yocto de bus uitstapten.

Plots snelde hij van zijn stoel naar de deuropening van de bus. 'O ja... buisje nummer 1 uit jullie doos... dat is waterstofgas! Daar draait het moderne IJsland op. Het is een kleurloos gas. Daarom dachten jullie dat er niets in dat buisje zit... Ha, ha, je kunt niet alles direct met je ogen zien!'

'Wat?!' riep Yocto, terwijl hij Yotta aankeek. 'Hij weet iets meer over die Doos! Hé, vertel ons nog wat meer....'

'Ha, ha, de wereld zit verdraaid ingenieus in elkaar... Laat de deur nog even open', zei hij tegen de buschauffeur. Toen sprak hij tegen Yotta en Yocto: 'Alles wat maar ingewikkeld genoeg in elkaar steekt, lijkt op dekselse magie. Als je maar genoeg je best doet, blijken de dingen geen onverklaarbare magie, maar wonderlijke wetenschap. Hoe meer je van de wereld begrijpt hoe mooier hij wordt... Veel plezier nog!!'

De deuren van de waterstofbus gingen dicht en geluidloos reed de bus verder. In verbazing achtergelaten, stonden ze met hun rugzakken voor de jeugdherberg. Het was al elf uur 's avonds, maar het was nog licht. Ze konden de zon nog zien. Het zou ook nauwelijks donker worden, zo dicht lag IJsland tegen de poolcirkel aan. 's Zomers bijna alleen maar licht, en 's winters bijna alleen maar duisternis. Het was oneerlijk verdeeld op de wereld.

De herberg zat vol met jonge mensen uit allerlei landen. Yotta en Yocto waren duidelijk de jongsten van dit bonte gezelschap. Ze kregen een tweepersoonskamer, pakten hun spullen uit en gingen vervolgens naar een soort gemeenschappelijke huiskamer. Het was er een drukte van jewelste. Overal stonden groepjes jongeren met elkaar te praten. Aan de wand hingen foto's van vulkaanuitbarstingen, fjorden, gletsjers en geisers. Er stond een vitrine met stenen en mineralen. Yocto ging er direct naar kijken. Iets verder stonden een jongen en een meisje druk met elkaar te discussiëren bij een geologische kaart van IJsland. Het ging er zo heftig aan toe dat het wel leek alsof ze ruzie hadden met elkaar.

Yotta, spontaan als altijd, stapte op het tweetal af en vroeg hoe en waar ze het makkelijkste konden zien dat de aarde hier leeft. De jongen en het meisje bleken allebei geologie te studeren in Sint Petersburg in Rusland.

'Wat leuk', zei Yotta, 'ik heb nog nooit mensen uit Rusland ontmoet. Ik ben zelfs nooit eerder in het buitenland geweest.'

'Dat is Dimitri, en ik ben Irina', zei het meisje. 'Wij huren morgen een auto om naar de levende aarde op dit eiland te gaan kijken. Als jullie willen, rijden jullie gewoon met ons mee. Goed idee toch...', zei ze glimlachend tegen Dimitri. Die liet zich niet meer dan een mompelend 'goed dan' ontvallen, terwijl hij Irina verwijtend aankeek.

Yocto stond de hele tijd gebiologeerd te kijken naar de stenen en mineralen in de vitrine. Hij haalde het stuk basalt uit zijn broekzak en vergeleek het met wat hij voor zich zag. Hij keek ook of hij iets herkende van wat hij in de buisjes uit de Doos had gezien.

'Hé, Yocto, kom eens hier', riep Yotta. 'Ik heb net deze twee aardige Russische studenten ontmoet. Ze willen ons morgen meenemen op een tocht over het eiland.' Yocto had zich nog niet voorgesteld, of Dimitri begon al aan Irina te trekken.

'We willen morgen vroeg vertrekken', zei Dimitri tegen de tweeling. 'We zien jullie om acht uur voor de deur van de herberg. Dan hebben wij al een auto gehuurd en komen we jullie ophalen. Welterusten!'

In de nacht werd het nauwelijks donker. Daardoor hadden Yotta en Yocto helemaal niet het gevoel dat ze moesten gaan slapen. Ze waren in bed gestapt, maar ze konden niet slapen. Het nachtelijke IJslandse licht had een vreemd effect. De opwinding over hun eerste reis liet hen maar niet los. Yocto opende de Doos en haalde buisje nummer 1 eruit.

'Buisje nummer 1 bevat waterstofgas. Dat is wat onze schaakvriend zei. Een kleurloos gas. Daarom zien we het natuurlijk niet. Het is net als met lucht. We kijken zo door de lucht heen, net zoals we door dit buisje heen kijken. Vader en moeder hebben onze reis vast niet voor niets op IJsland laten beginnen. Alles draait hier om waterstof. Dat hebben we vandaag zelf gezien.'

Yocto haalde alle buisjes waar niets in leek te zitten uit de Doos. Zo legde hij tien buisjes op een rijtje: H was het eerste, dan volgde het hele rechter rijtje uit de Doos: He, Ne, Ar, Kr, Xe, Rn. En dan vond hij nog de buisjes met N, O en Cl. Een voor een liet hij ze zien aan Yotta.

'Zie jij verschillen?' vroeg hij aan zijn zusje.

Yotta pakte ze op en zette ze naast elkaar op de vensterbank van hun kamer. Ze schoof het gordijn voor het raam open. Het was buiten nog licht genoeg om de buisjes goed te vergelijken.

'Ze zien er even doorzichtig uit', zei Yotta. 'Alleen buisje 17, met Cl, heeft een beetje kleur, iets blauwgroenachtigs. Vreemd.'

Yocto keek nog eens naar de buisjes. 'Ze hebben allemaal andere nummers en andere cijfers, dus waarschijnlijk zit er dan toch niet hetzelfde in. Misschien zit in elk buisje een ander gas. Maar wát is er dan anders? Waarom is H anders dan He en Xe? Ik zie de verschillen helemaal niet!'

'De schaker zei toch dat je met je ogen niet alle geheimen van de natuur kunt ontdekken', zei Yotta, terwijl ze haar paardenstaart liet schommelen.

Yocto schudde hard met een van de buisjes. 'Maar ik kan er ook niks aan horen. En ik kan er ook niet aan voelen of ruiken.'

'Lucht kun je toch ook niet ruiken of voelen of horen?' merkte Yotta op.

'Wacht even', zei Yocto, en hij rende opgewonden de kamer uit. Even later kwam hij terug met een doorzichtige, glazen fles en een doosje lucifers. 'Ik zal je laten zien dat ik lucht zichtbaar kan maken.'

Hij hield de fles op zijn kop vast, stak een lucifer aan en hield de brandende lucifer een paar seconden bij de opening van de fles. Vervolgens bracht hij razendsnel zijn mond naar de flessenopening en blies hard naar binnen. Toen trok hij zijn mond weer snel terug, en liet de fles zien aan Yotta. In de fles zagen ze opeens een wolkje ontstaan.

'Dit trucje heb ik eens gelezen in een van de boeken die ik op onze rommelzolder vond', zei Yocto. 'Zie je wel dat ik lucht zichtbaar kan maken...'

'Maar een wolk is toch niet zomaar lucht die zichtbaar is gemaakt', protesteerde Yotta. 'Een wolk is waterdamp, en lucht is lucht. Lucht kan wel waterdamp bevatten, maar lucht is toch iets anders dan waterdamp.'

'Dat weet ik ook wel, Yotta! Maar het lijkt toch alsof je lucht zichtbaar maakt! Dat vind ik gewoon mooi om te zien. Zelf een wolk maken... een wolkje waterdamp.'

'Die schaker zei toch dat ze hier op IJsland waterstof uit water halen...', zei Yotta al geeuwend. 'Dan moet water dus waterstof bevatten. En als water waterstof bevat, zit er in jouw miniwolkje ook waterstof... Water, waterstof, waterdamp... het begint me een beetje te duizelen.'

'Je hebt gelijk', zei Yocto. 'We moeten nu toch echt proberen een paar uurtjes te slapen.'

Het was al ver na acht uur in de ochtend toen Dimitri en Irina eindelijk met hun huurauto bij de jeugdherberg kwamen voorrijden. Ook op deze stoere landrover stond 'H_2'. Yotta en Yocto stapten in. Ze konden niet wachten tot ze meer van IJsland zouden ontdekken. Ze hadden gisteren alleen onderweg tussen het vliegveld en Reykjavik vluchtig wat van de omgeving gezien.

'IJsland heeft meer vulkanische activiteit dan welk ander land ter wereld', zei een montere Dimitri, die vandaag veel spraakzamer was dan gisteravond. Hij had een Russische pet op zijn hoofd, met een soort van flappen die over zijn oren vielen. Yotta had zoiets nog nooit gezien, en moest giechelen om die vreemd uitziende flappen. Dimitri had niets in de gaten. 'We rijden naar Geysir, een gebied dat bezaaid ligt met plekken waar het borrelt en rommelt, klettert, spettert en knettert.' Telkens als hij de letter 'r' uitsprak, liet hij die als een delicatesse in zijn mond rollen. Hij gniffelde er zelf om. 'Eerst rijden we nog even langs een waterstoftankstation om voldoende waterstof te tanken voor de rit van vandaag.'

'Zeg Dimitri, wat is waterstof precies?' vroeg Yotta.

'Waterstof is de meest simpele vorm van materie, de allerlichtste bouwsteen', antwoordde Dimitri. 'Het was het eerste element dat in het heelal ontstond. Waterstof is ook het element dat het meeste voorkomt in het hele heelal. En waterstof is een belangrijk bestanddeel van water. Water is namelijk een combinatie van waterstof en zuurstof. Waterstof alléén, dus zonder zuurstof, is een kleurloos en reukloos gas.' Ze naderden het waterstoftankstation.

'Kom', zei Dimitri, 'ik laat jullie wat zien.' Ze stapten uit de auto en liepen naar de waterstofpomp.

'Het lijkt precies op een benzinepomp', zei Yocto.

Dimitri keek snel om zich heen. 'Is er niemand die kijkt?' vroeg hij. 'We gaan even iets engs doen. Eigenlijk is het verboden om dat bij een waterstofpomp te doen...'

Hij stak het uiteinde van de rubberen slang omhoog, en draaide een kraantje open. Ze hoorden wat gesis.

'De waterstof gaat bliksemsnel omhoog en verbrandt meteen in de lucht', zei Dimitri. Hij haalde een doosje lucifers tevoorschijn. 'Steek maar eens een lucifer aan', zei hij tegen Yocto, 'en hou hem bij het uiteinde van de slang.'

Yocto stak de lucifer aan en hield hem bij het uiteinde. Dimitri draaide opnieuw de kraan lichtjes open. Vvvooeemmmm..., klonk de knal, tegelijkertijd met een vlam, die snel naar boven toe verdween. Yocto schrok zich een hoedje en deinsde terug.

'Maak je geen zorgen', zei Dimitri. 'Als waterstof in gewone lucht terechtkomt, verbrandt het bliksemsnel. Het is zo licht, dat zelfs als het in brand raakt, het razendsnel naar boven toe verdwijnt.'

'Waterstof is dan wel het meest voorkomende stofje om ons heen, hij komt van nature voornamelijk in verbindingen met andere stofjes voor en niet als losse stof', zei Irina. 'Daarom moeten ze op IJsland eerst moeite doen om waterstof uit water te maken. IJsland heeft echter een groot voordeel. Het kan veel energie halen uit die gekke warmteverschijnselen in de grond. Die gebruiken ze om waterstof uit water te halen. Dat waterstof kun je makkelijk opslaan, zoals in de tank van deze auto en zoals in de tanks van de bussen op het eiland.'

Dat buisje met nummer 1 uit de Doos was dus een stofje dat het meeste in het hele heelal voorkwam, dacht Yocto. En ook nog het allerlichtste stofje. Ja, dan moet het wel nummer 1 zijn, dacht hij.

Ze keerden terug naar de auto. Spoedig hadden ze de stad achter zich gelaten. De weg werd steeds eenzamer. Langs de kant van de weg zagen ze wat gras met enkele koeien en paarden. Die had IJsland dus ook. Dimitri en Irina vertelden ondertussen vol passie over hun geboorteland, over de pracht van Sint Petersburg, over de onmetelijkheid van Siberië en de desolate vulkanische omgeving van het verre Kamchatka, een omgeving die wel wat leek op IJsland, zeiden ze. De tijd vloog om.

Na anderhalf uur rijden kwamen ze aan bij Geysir. Ze parkeerden de auto en liepen naar buiten. Uit allerlei gaten en scheuren in de grond stegen dampen en gassen op. Water kolkte en kookte. Yotta rende naar zo'n stomend gat en ging er vlakbij staan. Ze werd omringd door een dichte damp.

'Zo lijk je precies een spook', zei Yocto.

Iets verderop zagen ze hoe een oude man een klein pannetje boven zo'n stomend gat in de grond hield. Ze liepen dichterbij. Hij was een ei aan het koken.

'De waterdamp die uit de grond komt is er heet genoeg voor', legde Dimitri uit. 'Het grondwater wordt opgewarmd door het magma van de aarde.'

'Wat is magma?' vroeg Yotta.

'Magma is gesmolten rots', antwoordde Dimitri. 'Het binnenste van de aarde zit vol magma. Het magma komt hier in IJsland zo dicht bij de oppervlakte dat het grondwater tot stoom wordt verhit. Als dat hete magma aan de oppervlakte komt, heet het lava. Dan begint het langzaam af te koelen. Je ziet, ruikt, proeft en voelt hier dat de aarde leeft. Steeds is de aarde bezig van binnenuit te veranderen. Daarom borrelt en rommelt het hier. Daarom knettert en spettert het.' Weer liet hij de 'r' als een waterval door zijn keel rollen, en hij bulderde van plezier.

'Ik weet niet of dat ei wel zo lekker wordt hier', zei Yocto, terwijl ze wees naar de man met het pannetje. 'Het stinkt hier juist naar rotte eieren!'

'Dat komt door de zwavel', zei Irina. 'Overal waar je vulkanische verschijnselen vindt, vind je ook grote hoeveelheden zwavel. Als zwavel zich met waterstof bindt tot een gas, dan stinkt dat gas naar rotte eieren.'

'Ik ga hier in ieder geval geen eieren koken', murmelde Yocto vol afkeer. Hij moest bijna kokhalzen van de stank.

'De zwavel die in het stinkende gas zit, kan ook neerslaan als vaste stof', vervolgde Irina. 'Dan krijg je van die gele plekken die je hier overal op de grond ziet.'

'De grond heeft hier allerlei kleuren...', merkte Yocto op.

'Dat komt omdat op dit soort vulkanische plekken allerlei verschillende stoffen mee omhoog komen, niet alleen zwavel, maar bijvoorbeeld ook silicium. Daar zit de aardkorst vol mee. Vulkanische verschijnselen klutsen allerlei stofjes die in de aarde zitten door elkaar, en gooien die omhoog. Als het spul dan weer neerkomt op de grond

plakt het allemaal aan elkaar en krijg je nieuwe laagjes en al dit soort kleuren.'

'Maar het kan nog gekker', zei Dimitri. 'Kom maar mee. Daarginds ligt Strokkur, een van de bekendste geisers. Dat is de meest actieve in dit gebied.'

Met z'n vieren liepen ze naar een gat in de grond van een meter of twee breed. Ze zagen het water daarin al kolken en ze hoorden gerommel. Steeds meer waterdamp steeg op. Yotta wilde wat dichterbij gaan staan, maar werd met een forse ruk teruggetrokken door haar broertje. Het gerommel zwelde aan. Het water leek omhoog te willen. Het wateroppervlak trok bolvormig, en opeens begon de geiser een grote waterstraal de lucht in te spuiten, wel twintig meter de hoogte in. Alle vier deinsden ze terug.

'Wat een uitbarsting!' riep Yotta.

Ze hoorden met wat voor een gekletter het water weer naar beneden viel. Yotta had pech, want een hele plens water was precies tegen haar aangewaaid.

'Nu begrijp ik waarom jullie spraken over de levende aarde', zei Yotta tegen de Russische vrienden. 'De grond trakteert je hier steeds op verrassingen.'

'In zo'n vulkanisch gebied komt vaste, vloeibare en gasvormige stof bij elkaar', voegde Irina toe. 'Alle drie de normale toestanden van de materie. Alle stof op aarde komt voor in een van deze drie vermommingen. Neem bijvoorbeeld ijs, water en waterdamp. Dat zijn eigenlijk drie vermommingen van dezelfde stof. IJs is water in vaste vorm, water is de vloeibare variant, en waterdamp is een gasvormige vorm van water. Maar de bouwstenen van ijs, water en waterdamp zijn hetzelfde. De bouwsteen bestaat uit twee deeltjes waterstof en één deeltje zuurstof.'

'Hoe ziet zuurstof er dan uit?' vroeg Yotta.

'Net als waterstof is zuurstof een kleurloos en reukloos gas', antwoordde Irina. 'Ongeveer twintig procent van de lucht bestaat uit zuurstof. Waterstofgas schrijf je in formulevorm als H_2.' Ze sprak het uit als ha-twee. 'Dat zijn eigenlijk twee aan elkaar geplakte bouwstenen waterstof. Daarom zie je hier op IJsland ook overal H_2 geschreven. Alles draait hier op waterstofgas. Zuurstofgas schrijf je in formulevorm als O_2. Dat zijn twee aan elkaar geplakte zuurstofbouwstenen. Water bestaat uit twee waterstofbouwstenen en één zuurstofbouwsteen.'

'Bouwstenen van waterstof... bouwstenen van zuurstof', riep Yotta uit. 'Dat is het!' Haar paardenstaart sprong omhoog.

'*Wat* is het?' vroeg Yocto, die niet begreep wat zijn zusje bedoelde. 'Nou, de buisjes uit de Doos! Allemaal bouwstenen van stof. Met die bouwstenen kun je materie bouwen. In de brief stond toch dat de Doos alles met stof te maken heeft!'

'Waar hebben jullie het toch over?' vroeg Irina.

'Nou', zei Yotta op een toon alsof ze het een onnozele vraag vond, 'over de Doos natuurlijk.' Ze haalde de Doos uit haar rugzakje en opende het deksel. Ongeduldig griste ze het buisje met O erop uit de Doos. 'Is dit dan zuurstof?'

Irina hield de Doos voorzichtig vast en haalde er een aantal buisjes uit. 'Wat een prachtige doos. Zoiets heb ik nog nooit in deze vorm gezien. Een buisje met waterstof.., ja, dat buisje met O is inderdaad een buisje met zuurstof. En kijk, hier heb je buisjes met zwavel en eentje met silicium...' Ze pakte de buisjes met de opschriften S en Si. 'Je ziet ook dat het poedervormige zwavel dezelfde gele kleur heeft als het neergeslagen spul dat we hier bij die heetwaterbronnen zien.'

Nu boog ook Dimitri zich over de Doos. De zijflappen van zijn pet gingen wat omhoog. Toen Yotta dit zag kon ze haar lach niet meer bedwingen.

'Wat is er mis met mijn pet?' vroeg een geïrriteerde Dimitri.

'Er is niets mis met je pet, maar af en toe gaan die flappen zo grappig bewegen. Dan lijk je net een jong vogeltje dat voor het eerst probeert te vliegen', zei Yotta verontschuldigend.

Dimitri beet zijn kaken even stevig op elkaar. Hij blies een diepe ademstoot uit door zijn neus, en inspecteerde de Doos. 'Het is een Rus die dit heeft bedacht!' riep hij uit. 'Het is de blokkendoos van de natuur, bedacht door mijn naamgenoot Dimitri Mendelejev. Alle bouwstenen die je nodig hebt om de materie om ons heen uit op te bouwen, zitten hierin. Waterstofbouwstenen, zuurstofbouwstenen, zwavelbouwstenen... Als je maar de juiste bouwstenen neemt, kun je als een tovenaar nieuwe stoffen maken. Je kunt lucht bouwen, je kunt er licht mee maken, ja zelfs de liefde tussen twee mensen valt in zekere terug te voeren op deze bouwstenen...'

'Wat heeft de liefde nou met onze buisjes te maken', sputterde Yotta tegen. 'Dat is toch totaal iets anders...'

'Het is inderdaad iets anders, maar ook weer niet totaal anders', antwoordde Irina, terwijl ze Dimitri uitdagend aankeek. 'Dat je liefde echt voelt, met je lijf, heeft alles met bouwstenen te maken, stofjes die zorgen dat je kunt voelen wat je voelt.'

'Elke bouwsteen gedraagt zich op zijn eigen manier', ging Dimitri verder, de blik van Irina volledig negerend. 'Maar twee bouwstenen van dezelfde soort, bijvoorbeeld zuurstof, gedragen zich precies hetzelfde. Het zijn geen tweelingen, zoals jullie, want jullie zijn anders. Maar ze zijn echt niet van elkaar te onderscheiden. Ze gedragen zich identiek. Bouwstenen kun je bij elkaar voegen om nieuwe materie te maken. Dat samenvoegen gaat echter niet willekeurig. Water is een combinatie van twee waterstofbouwstenen en één zuurstofbouwsteen, precies in die verhouding. Sommige bouwstenen passen bij elkaar, andere niet. Net als bij mensen.'

'Ik geloof dat wij niet bij elkaar passen', beet Irina haar vriend toe.

'O, vind je dat? Ach, waarschijnlijk heb je gelijk. We hebben nog nooit zoveel ruzie gehad als hier op IJsland.'

'Zo is het wel genoeg! Laten we nu niet wéér gaan bekvechten!'

Yotta voelde dat ze iets moest verzinnen om te zorgen dat het Russische stel stopte met ruziën. Ze griste de Doos uit Dimitri's handen, maar deed dat zo impulsief dat een paar buisjes pardoes op de grond vielen.

'Let nou toch eens op wat je doet!' viel Yocto uit. 'Hou je nou eens in. Af en toe lijk je wel een ongecontroleerde geiseruitbarsting...'

'Jij denkt altijd veel te lang na', beet Yotta terug. 'Als je daarna iets doet, is alle spontaniteit verdwenen.'

'Jij ook altijd met je spontaniteit! Ik denk tenminste eerst goed na voor ik iets doe. Jij doet iets en gaat achteraf pas nadenken wat je hebt gedaan en waarom, als je er al over nadenkt...'

Yotta kon zich niet langer inhouden en stompte Yocto in zijn buik. Dreigend zweepte ze haar paardenstaart op en neer. 'Rotjongen! Kwallebal! Ellendeling! Saaie stofklomp! Fossiel van jezelf! ...Ik begrijp niet dat de natuur voor jou ooit de juiste bouwstenen heeft gevonden!'

'Wat je zegt ben je zelf', zei Yocto met een grote grijns, 'we zijn toch tweelingen!'

Irina en Dimitri keken elkaar aan. Ze konden hun lach niet inhouden en waren hun eigen ruzie totaal vergeten. 'Kom', zei Irina tegen Yotta, terwijl ze een arm om haar heen legde en haar even dicht tegen zich aan trok. 'Geen ruzie maken. Raap die buisjes maar op voordat ze voor eeuwig in een of andere opening van de aarde verdwijnen. Dan kunnen jullie er helemaal naar fluiten. Daar is deze Doos veel te mooi voor.'

Yotta zocht de buisjes weer bij elkaar. Gelukkig was er geen enkele gesneuveld.

'Hoe weten we dat er echt alle bouwstenen in de Doos zitten?' vroeg Yotta, weer enigszins gekalmeerd.

'We hebben nooit andere bouwstenen in de natuur gevonden', antwoordde Irina. 'Volgens geleerden kunnen er ook geen andere bouwstenen in de natuur bestaan dan deze. De bouwstenen verschillen allemaal iets in massa. Een bouwsteen noemen we ook wel een element. Waterstof is de lichtste, vandaar bouwsteen nummer 1. Hoe hoger het nummer van die buisjes in jullie Doos, hoe zwaarder. Als het nummer eentje hoger wordt, neemt de massa met een zelfde stapje toe. Het gaat wat te ver om uit te leggen waarom dat zo is, maar de natuur blijkt gewoon zo in elkaar te zitten. Wetenschappers beschrijven de natuur, maar kunnen lang niet altijd vertellen waarom iets zo-en-zo in elkaar zit.'

'Mendelejev was de eerste die een systeem ontdekte in de bouwstenen van de natuur', voegde Dimitri toe. 'Toen hij de samenhang ontdekte, waren nog lang niet alle 92 bouwstenen bekend. Hij dacht goed na, ontwikkelde zijn systeem van ordening en voorspelde ontbrekende bouwstenen. Dat is wetenschap. Je bedenkt een theorie en voorspelt daarmee iets dat nog onbekend is. Experimenten moeten dan laten zien of de theorie wel of niet klopt.'

Als hij zoveel weet van al die bouwstenen, dan moet hij toch ook meer weten over nummer 61, dacht Yocto. 'Geef mij de Doos eens terug', zei hij opgewonden tegen Yotta.

'Er ontbreekt nog één stofje uit de Doos', begon Yocto tegen Dimitri. 'Het buisje met nummer 61 zit er niet in. Weet jij welk stofje nummer 61 heeft en hoe we dat kunnen krijgen?'

Dimitri fronste. Net toen hij 'nee' wilde antwoorden, hoorden ze enorm gerommel. Ze schrokken en weken terug, maar het was al te laat.

De geiser begon met reusachtig geweld te spuiten. Alle vier werden ze bedolven onder de naar beneden plenzende waterval. Drijfnat waren ze. Nog maar net van de schrik bekomen, zwelde er opnieuw een gerommel aan. Een onheilspellende aardse bastoon naderde dichter en dichter en zwelde tot ongekende sterkte aan.

'Liggen!' schreeuwde Dimitri.

Ze kregen er geen tijd voor. Een verschrikkelijke aardbeving had zich door het IJslandse landschap gekliefd. Nog geen tien meter van het viertal vandaan was de aarde gescheurd. Yotta en Yocto waren met hun hoofden tegen elkaar geknald en bewusteloos op de grond gevallen. De Doos sloeg genadeloos tegen de vlakte.

Dimitri had nog juist 'De aarde leeft! Leve de aarde!' geroepen voor hij Irina omarmde en ze samen tegen de grond smakten. Met een uiterste krachtinspanning greep hij de Doos en kon hem nog net in veiligheid brengen voordat het houten kleinood met alle buisjes erin zou worden geplet door een aanstormend blok basalt.

HOOFDSTUK 4

Op de magnetische Zuidpool

Yotta en Yocto herinnerden zich niets meer van de hevige aardbeving en van wat er daarna was gebeurd. Ze werden wakker in hun kamer in de Reykjavikse jeugdherberg, beduusd en vermoeid. Yotta voelde het bonzen in haar hoofd. Bij Yocto brak af en toe het zweet op zijn voorhoofd uit zonder dat hij wist waarom. Ze hadden geen idee waar Dimitri en Irina waren gebleven.

'De Doos... de buisjes... het vliegticket!' riep Yotta. Ze schrok van haar eigen woorden. De Doos stond, uiterlijk ongeschonden, op een stoel midden in de kamer. 'Zit alles er nog in?'

Yocto keek in de Doos. 'Oef... gelukkig, alle buisjes zitten er nog in. Het vliegticket zie ik ook nog... ja, ik denk dat alles compleet is... maar wacht even... op het ticket staat dat we vanavond al weer het vliegtuig moeten nemen naar onze volgende bestemming.'

'Wauw! Naar de Zuidpool!' riep Yotta.

'Hmmm... dat wordt oppassen met die kou', zei Yocto.

'Kom op', zei Yotta, 'we moeten onze spullen weer gaan inpakken!'

Veel tijd om na te denken had de tweeling niet. Ze lieten bij de receptie van de jeugdherberg een briefje achter voor Dimitri en Irina en spoedden zich met de waterstofbus naar het vliegveld. 'Tot ziens in 's werelds eerste waterstofwereld', stond op het laatste bord dat ze op het vliegveld van Reykjavik zagen. Yocto haalde het buisje met nummer 1 uit de Doos, en stootte zijn zusje aan: 'Dat hadden we een paar dagen geleden toch niet kunnen bedenken, dat een land hier zijn energie uit haalt...'

De lange vliegreis gebruikte de tweeling vooral om bij te komen van de gebeurtenissen op IJsland. Het grootste deel van de reis lag Yocto wat te dommelen in zijn stoel. In een soort van halfslaap droomde hij dat hij als een middeleeuwse alchemist oneindige hoeveelheden goud en diamant kon maken met de bouwstenen uit de Doos. Zo zou hij de rijkste mens op aarde worden. Hij zag het al helemaal voor zich.

Yotta was als een blok in slaap gevallen en sliep het grootste deel van de vlucht zo vast als een roos. Pas toen ze over Vuurland vlogen en het uitgestrekte ijscontinent al bijna in zicht kwam, realiseerde de tweeling zich dat ze op weg waren naar het meest extreme continent op aarde.

'De laagste temperatuur die ooit op aarde is gemeten', zei Yocto tegen zijn zus, 'is 89 graden onder 0! En... niet schrikken... dat was op Antarctica. Dat heb ik eens gehoord op tv. Ik zal de Doos maar niet mee naar buiten nemen. Je weet maar nooit wat er met de buisjes gebeurt in deze koude.'

'Ik wil 'm wél meenemen', zei Yotta. 'We pakken hem gewoon heel goed met isolatiemateriaal in, zodat de buisjes niet bevriezen.'

Toen het vliegtuig begon te dalen naar de kust van Antarctica, zagen ze in het licht van de maan een grote rookpluim van een berg opstijgen. Het was de vulkaan Mount Erebus, die stof en gassen uitblies, zo hoorden ze de gezagvoerder van het vliegtuig door de omroepinstallatie vertellen.

Niet ver van de vulkaan lag McMurdo, een Amerikaans onderzoeksstation. Hier landde het vliegtuig en hier zouden Yotta en Yocto een paar dagen mogen doorbrengen temidden van poolonderzoekers die vaak maandenlang wetenschappelijk onderzoek kwamen verrichten. De tweeling werd opgewacht door een Amerikaanse studente.

'Ik ben Chris Cristal. Jullie krijgen een eigen kamer in McMurdo. Ik zal jullie meenemen daar naar toe. Ik werk zelf in McMurdo. Twee maanden lang laten we luchtballonnen op voor allerlei onderzoek. Ik beloof jullie dat jullie morgen mee mogen op onze onderzoeksexpeditie. Professor Tacitranac zal jullie met groot genoegen een en ander uitleggen...'

'Professor hoe?' vroeg Yotta.

'Professor Tacitranac', zei de studente. 'Dezelfde letters als 'Antarctica', maar dan een beetje door elkaar gehusseld. Zal wel geen toeval zijn. Hij is zelf wat verward.'

De tweeling kreeg speciale isolerende kleding. Terwijl het in Europa zomer was, was het hier op het zuidelijk halfrond hartje winter. McMurdo telde nu een paar honderd onderzoekers vanuit de hele wereld die er hun onderzoek deden: biologen, vulkanologen, geologen, natuurkundigen en klimaatwetenschappers. In de zomer konden dat er wel een paar duizend zijn. Chris Cristal bracht de tweeling naar hun tijdelijke Antarctische onderkomen en liet hen daar achter. 'Ik zie jullie morgen wel. Ik ga alvast het experiment van morgen voorbereiden.'

Toen Yotta en Yocto nog maar net hun spullen hadden uitgepakt en opgeborgen, werd er op de deur geklopt. Yotta deed open en ze zag een man van een jaar of vijfenzestig in de deuropening staan. Hij had een flinke buik en een ringbaardje. Een slordig bij elkaar gebonden mini-paardenstaart hing slapjes in zijn nek. Aan het ringbaardje plakten nog wat sneeuwvlokken, die snel begonnen te smelten.

'Goedemiddag... aangenaam... professor Tacitranac is de naam, specialist in Antarctische ijskristallen. U wilt zeker graag het geheim van het Antarctische ijskristal zien...'

Yotta kon een vanuit haar maagstreek opborrelend gevoel van verbijstering niet onderdrukken. Om de wat dierlijk klinkende klankopwelling te verdoezelen, liet ze er maar meteen op volgen: 'Maar meneer de professor, ik kan me niet voorstellen dat Antarctische ijskristallen anders zijn dan Zweedse, Argentijnse of Canadese. Dan bent u toch gewoon specialist in ijskristallen?'

'Daar zou u zich wel eens lelijk in kunnen vergissen', antwoordde de professor op snijdende toon. 'Hoe zou een groentje zoals u dat kunnen weten?! Ik bestudeer ijskristallen in deze extreme woestenij al drie decennia, dus als iemand in de wereld er verstand van heeft, ben ik het wel. U hebt geen idee wat er allemaal bij komt kijken voordat ijskristallen zich vormen uit waterdamp in de lucht en voordat ze tot op de aardbodem zijn neergedwarreld. Overigens hou ik niet van tegenspraak, en zeker niet van onervaren snotneuzen!'

Yotta's ogen kantelden even naar beneden. Haar paardenstaart maakte een onbewuste, mysterieuze zwiep, die alleen Yocto wist te interpreteren. Voor Yocto was dit het teken dat ze bij elke zin van de professor op hun hoede moesten zijn. Het was Yotta's onbewuste waarschuwingsteken. Yocto trok zijn rechteroor even op.

'Ik ben gevraagd om jullie te laten kennismaken met Het IJs, en dat is me een groot genoegen', vervolgde de geleerde.

'Met Het IJs?' vroeg Yotta verbaasd. 'Wat bedoelt u?'

'We noemen Antarctica hier *Het IJs*', antwoordde de professor. 'Wie hier lang woont krijgt vanzelf een immens respect voor dit continent. Ik heb de laatste dertig jaar meer tijd doorgebracht op Het IJs dan bij mijn universiteit in de Verenigde Staten. Laten we een korte wandeling buiten gaan maken. Jullie moeten Het IJs tot in jullie botten ervaren...'

Van top tot teen warm ingepakt liep de tweeling met professor Tacitranac naar buiten, de duisternis van de lange Antarctische winter in.

'Het is nu dertig graden onder nul', zei de professor. 'In het binnenland is het veel kouder. Hier aan de rand worden we gesteund door de matigende invloed van de zee.'

Het onderzoeksdorp van McMurdo was klein. Spoedig had het drietal de laatste barakken waar onderzoekers woonden achter zich gelaten.

'Het is hier zo onwaarschijnlijk stil, als ik nooit eerder heb gehoord', zei Yocto.

'Ik vind het beangstigend', vervolgde Yotta. 'Zo'n eenzaam gevoel.'

'Het IJs werkt als een deken die alle geluid absorbeert', antwoordde de professor. 'En er is zo weinig menselijke activiteit dat er bijna geen lawaai wordt geproduceerd. Door mijn lange en veelvuldige verblijf hier ben ik zelfs allergisch geworden voor menselijk lawaai. Geef mij maar de Antarctische stilte. Vaak blijf ik op Het IJs stilstaan om te genieten van de stilte. Dan probeer ik m'n eigen adem zo lang mogelijk in te houden. M'n eigen ademhaling zou de stilte al verstoren.'

Inmiddels was het zachtjes beginnen te sneeuwen. Professor Tacitranac haalde een vergrootglas uit zijn jaszak en een zwart stuk karton. 'Een simpele manier om ijskristallen te bestuderen', zei hij. 'Je moet wel eerst het karton koud laten worden, maar dat gaat hier snel. Dan smelten de neergedwarrelde sneeuwvlokken niet meteen.' Hij liet een aantal sneeuwvlokken landen op het zwarte stuk karton en gaf het samen met een vergrootglas aan Yocto. 'Kijk en huiver.'

Yocto bekeek de vlokken. 'Prachtig! ...Ze zien eruit als holle, zeshoekige kolommetjes... Het lijken welke zuilen van een Griekse tempel.'

De professor was in zijn nopjes: 'Wij ijskristalspecialisten onderscheiden zes structuren: zeshoekige platen, zeshoekige naalden, zespuntige sterren, zestakkige boompjes, zeshoekige holle kolommen en zeshoekige dichte kolommen. Afhankelijk van hoe koud en hoe voch-

tig de plek is waar ze ontstaan, krijg je de een of de ander. De zespuntige ster is het bekendst. Zo tekenen mensen ook meestal een ijskristal
van een sneeuwvlok. Maar naast deze zes typen', zei hij, terwijl zijn
ogen begonnen te glimmen, 'kent de wereld, dankzij mijn decennia-
lange inspanningen, het Antarctische ijskristal... Mijn allergrootste ontdekking! Het neusje van de zalm... ijskristal voor fijnproevers.'

Het ringbaardje van de geleerde was inmiddels wit geworden van
de sneeuwvlokken.

'Bent u in de slagroom gevallen? ...U hebt een slagroombaardje',
plaagde Yotta.

'Ik dacht dat jullie hier waren gekomen uit interesse voor Het IJs',

snauwde de specialist in Antarctische ijskristallen.

'Dat zijn we zeker', stelde Yocto hem gerust, 'neemt u Yotta maar niet kwalijk dat ze af en toe zulke rare dingen zegt. Wij zijn dan wel een tweeling, maar...'

Nog voordat Yocto zijn zin had kunnen afmaken, onderbrak professor Tacitranac hem.

'Weten jullie wel dat geen twee ijskristallen identiek zijn? In alle sneeuw die ooit op aarde is gevallen, zijn er waarschijnlijk nooit twee precies dezelfde ijskristallen voorgekomen. Net als bij identieke tweelingen, lijken ze wel hetzelfde... hebben ze dezelfde basisstructuur... maar zijn ze het niet. Daar ligt het geheim van mijn vak. Als kleuter knipte ik al ijskristallen uit papier, als jong student in Buenos Aires was ik de eerste die kon berekenen waarom sommige ijskristallen de vorm van een naald hebben en andere een soort ster met zes takken lijken. Ik emigreerde na mijn studie naar Amerika. Daar werd ik de jongste professor in het ontstaan van ijskristallen. En nu, nu ik bijna met pensioen ga, heb ik de meeste artikelen over ijskristallen geschreven van de hele wereld. Daarom kan ik ook weten dat het Antarctische ijskristal uniek is!'

'IJs is de vaste vorm van water', zei Yocto. 'En water bestaat uit de bouwstenen waterstof en zuurstof, die overal precies hetzelfde zijn. Waarom zou dan het Antarctische ijskristal verschillen van een ijskristal van een andere plek op aarde? Antarctisch zuurstof verschilt toch ook niet van zuurstof uit Kameroen?'

'Wat zijn jullie toch lastig gezelschap', siste de professor, terwijl de helft van de sneeuwvlokken van zijn ringbaardje viel. 'Zo jong en al zo lastig! Neem nou maar van mij aan dat dertig jaar onderzoek op Het IJs mij ervan heeft overtuigd dat het Antarctische ijskristal iets volstrekts unieks heeft! Als specialist ontwikkel je een speciaal soort gevoel dat de niet-specialist niet heeft.'

'Wie te lang in de sneeuw verblijft, kan sneeuwblind raken...', grapte Yotta.

Professor Tacitranacs bloed leek te gaan koken. Het begon bij zijn voeten en steeg op naar zijn hoofd. Hij begon te zweten en binnen enkele seconden waren alle sneeuwkristallen van zijn ringbaardje verdampt. Een ringetje van mist steeg op van zijn baardje. Zijn ogen tolden rond in hun oogkassen. Er volgde een onverstaanbare vloek waarbij de geleerde zo hard met zijn rechtervoet op de zachte, besneeuwde bodem stampte dat zijn rechtervoet eerst een halve meter de sneeuw in verdween en hij vervolgens sierlijk omviel.

Yotta en Yocto moesten hem omhoog trekken. Yocto trok aan zijn ene arm, Yotta trok aan zijn andere arm, waarbij ze zich verontschuldigden voor het ongelukje. Voor professor Tacitranac was de maat echter meer dan vol. Hij rende terug naar het kampement van McMurdo. Nog eenmaal draaide hij zich om en riep: 'Jullie zoeken het maar uit! Geen respect meer voor een groot geleerde zoals ik! Het is een schande! ....Het is een grote schande! ... Dat de vloek van de Antarctische ijskristallen jullie moge treffen!'

Hij balde zijn rechtervuist en sloeg hem zo hard in het luchtledige dat hij opnieuw omviel. Vloekend en tierend hinkepinkte hij langzaam uit het zicht van de tweeling.

'Is onze poolprofessor weer eens doorgeslagen?' klonk het opeens.

Schijnbaar uit het niets was de Amerikaanse studente, die hen ook al vanaf het vliegveld had begeleid, opgedoken. 'Uit voorzorg ben ik jullie stiekem gevolgd. Ik wist wel dat het mis moest gaan met professor Tacitranac. Hij kan het niet verkroppen dat niemand ooit zijn theorie over het Antarctische ijskristal heeft willen accepteren. Sterker nog, dat er alleen maar bewijzen *tegen* zijn veronderstelling zijn... Een theorie van likmevestje is het! Voortdurend aan alles twijfelen, voortdurend elke uitspraak op de proef stellen tot je er gek van wordt. Dat is essentieel om de wereld om ons heen wetenschappelijk te onderzoeken... Twijfelen, twijfelen en nog eens twijfelen... Maar van dat principe is Tacitranac al een paar jaar volledig afgeweken. Hij denkt allemaal dingen te zien die niemand anders ziet. Zijn wetenschappelijke collega's nemen hem al lang niet meer serieus. Nu ook een stel tieners die gewoon hun gezonde verstand gebruiken hem al op zijn nummer zetten, zal hij spoedig de waanzin wel helemaal nabij zijn. Maar trek het jullie niet aan. Het was onvermijdelijk. Ik ben in ieder geval blij dat ik jullie morgen wat van het IJs kan laten zien. We gaan morgen een luchtballon oplaten om de atmosfeer te bestuderen. En omdat jullie er zijn, zullen we dat op een heel speciale plaats gaan doen.'

'Wat voor speciale plaats?' vroeg Yotta.

'Dat vertel ik morgen wel', zei Chris Cristal.

De volgende dag stonden de sneeuwscooters al klaar voor de hutten, toen Yotta en Yocto de deur uit stapten. Een snijdende wind waaide hen tegemoet. De vlaggen die hier en daar hingen, stonden strak gespannen. Terwijl enkele onderzoekers de sneeuwscooters met de ballon en de meetapparatuur aan het laden waren, haalde Yotta de Doos uit een warme, isolerende zak. Trots liet ze hem zien aan Chris Cristal.

'Kijk dit is de Doos die ons hier heeft gebracht', zei Yotta.

'Prachtig', zei de studente oprecht verbaasd. 'Ik heb nog nooit alle elementen in het echt bij elkaar gezien. Sommige elementen zijn zelfs heel zeldzaam op aarde. Hoe komen jullie daar aan?'

'Mijn vader heeft er dertig jaar over gedaan om die stofjes te verzamelen', zei Yotta trots.

'Wees er maar heel zuinig op... Alle bouwstenen van de natuur... Nee... wacht eens... Missen jullie er niet eentje? Er is één vakje leeg...'

'Ja, dat is nummer 61', zei Yotta. 'De enige bouwsteen die mijn vader niet kon vinden. En die willen we wel heel graag vinden. Weet jij niet hoe we daar aan kunnen komen?'

'Oef...', zuchtte Chris Cristal. 'Ik ken niet alle namen van die bouwstenen uit mijn hoofd. Ik zei al dat sommige echt heel zeldzaam zijn. Als we terugkeren van onze pooltocht kan ik het voor jullie opzoeken. Geen enkel probleem.'

'Wauw... dat zou fantastisch zijn', zei Yotta.

'Kun je dan ook nummer 61 voor ons vinden?' vroeg Yocto. 'Het echte stofje bedoel ik. We willen de Doos compleet maken.'

'Dat weet ik niet', zei de studente. 'Als het stofje hier op Antarctica voorkomt, kan ik vast wel iemand vinden die het voor jullie kan verzamelen.'

De tweeling kreeg hoop. Antarctica is zo bijzonder, dacht Yocto, misschien vinden we hier nummer 61 wel.

Chris Cristal wierp nog eens een blik op de Doos. Ze wees om zich heen. 'Die sneeuwscooter, die vlag of die hut bestaan allemaal uit bouwstenen van de Doos. Maar dat geldt niet alleen voor dingen die je meteen ziet. Het gaat op voor alle materie. Het geldt bijvoorbeeld ook voor de lucht. Vaste stoffen en vloeistoffen kun je makkelijk zien, gassen in het algemeen niet.'

'Wat is lucht dan precies?' vroeg Yotta.

'Gewone, alledaagse lucht is een mengsel van gassen', zei Chris Cristal. 'Lucht zie je niet. Tenminste, als hij niet met het een of ander is vervuild. Maar ook lucht bestaat uit bouwstenen uit jullie Doos. Voor een kleine tachtig procent bestaat lucht uit stikstof en voor twintig procent uit zuurstof. Dat zijn de buisjes met de opschriften N en O.'

'Dus in al die buisjes waar je zo door heen kunt kijken', zei Yocto, 'daar zit een gas in?'

'Ja', zei Chris Cristal, en ze haalde de buisjes er uit.

'Kijk, hier heb je bijvoorbeeld argon, het buisje met opschrift Ar. Neon is het buisje met het opschrift Ne. Het buisje met He, daar zit helium in. Kr staat voor het gas krypton en Xe voor xenon.'

Ze stopte de buisjes terug in de Doos. 'Laten we de Doos maar snel dichtdoen. Voor je het weet gaan er nog stofjes bevriezen ook.'

'Lucht bestaat dus uit stikstof en zuurstof', ging ze verder. 'Weet je... Eigenlijk kun je twee belangrijke vragen stellen over de dingen om ons heen: waaruit bestaan de dingen? is de eerste vraag. Het antwoord daarop vinden jullie in de Doos. Maar er is nog een tweede belangrijke vraag. Waarom bewegen de dingen zoals ze bewegen? Het antwoord op de vraag waarom lucht beweegt zoals hij beweegt, dus waarom het waait zoals het waait, ligt in de wetten van stromende vloeistoffen en stromende gassen. Daar zal ik jullie nu echter niet mee vermoeien...'

'O.. dat zijn dan zeker de regels van het schaakspel', zei Yocto. 'Dat was toch het voorbeeld dat de schaker in het vliegtuig naar IJsland ons gaf? Hij zei dat je de wereld om je heen kunt bestuderen zoals je een schaakspel zou bestuderen als je de regels niet kent. Mensen proberen dan achter de 'schaakregels' van de natuur te komen door te kijken naar hoe de natuur het spel speelt.'

'Een mooie vergelijking', zei Chris Cristal. 'Zo zou je het inderdaad kunnen zien.'

'Als water kan bevriezen, kan lucht dat dan ook?' vroeg Yocto. 'Zelfs hier op Antarctica, waar het zo koud is, zie ik niet dat de wind bevriest...'

'Hier in McMurdo', antwoordde Chris Cristal, 'is het gemiddeld zo'n dertig graden onder nul. Dat is lang niet koud genoeg om lucht te bevriezen. Maar het kan wel! Dat klinkt idioot omdat we dat op aarde nooit kunnen zien. Als je lucht echter met een superkoelkast afkoelt tot −193 graden Celsius, dan wordt lucht ineens vloeibaar. Koel je het dan nog verder, tot −213 graden Celsius, dan ontstaat zelfs vaste lucht. Dat ziet er als een lichtblauw blokje uit.'

'Vaste lucht! Lucht waar je je tanden in kunt zetten, lucht die je kunt zoenen', riep Yotta. 'Dat wil ik wel eens meemaken.'

'Om er je tanden in te zetten of om het te zoenen is een blokje vaste lucht veel te koud, maar als je ooit de kans hebt om naar ons laboratorium in de Verenigde Staten te komen, dan kan ik het je laten zien', zei Chris. 'Ik zie dat de sneeuwscooters inmiddels vol zijn geladen. We moeten vertrekken.'

Yotta en Yocto kregen nog wat extra beschermende poolkleding. Daarna mochten ze plaatsnemen op de grootste sneeuwscooter, achter de brede rug van hun bestuurder. Chris Cristal had haar eigen sneeuwscooter. Met sterke koplampen schenen de sneeuwscooters door het donker op de uitgestrekte sneeuwvlakte.

'Ik wil jullie eerst de hut laten zien van poolreiziger Robert Scott', riep Chris Cristal terwijl de eerste scooters wegstuifden door de sneeuw. Sneeuwbrillen beschermden de ogen van Yotta en Yocto en van de onderzoekers. Nog geen half uur later kwamen de sneeuwscooters aan bij een houten hut.

'Dit is de hut van Scott', begon Chris Cristal te vertellen. 'Van hieruit begonnen Scott en zijn maten hun expeditie in 1911 om de geografische Zuidpool te bereiken, maar vooral om wetenschappelijk onderzoek te doen hier op Antarctica.'

'Is dit echt de hut van Scott?' vroeg Yocto. 'Ik heb een boek over zijn tocht gelezen. Ik kan niet geloven dat ik nu in zijn hut sta.'

'Dit is echt zijn hut!' zei de studente. 'Scott wilde meteorologische, magnetische en geografische metingen doen', legde ze aan Yotta uit, die het verhaal nog niet kende. 'Scott stelde zich allereerst wetenschappelijke doelen. Toen hij hoorde dat de Noor Roald Amundsen als doel had om als eerste de geografische Zuidpool te bereiken, en ook al op weg was naar de Zuidpool, wilde Scott natuurlijk wel degelijk Amundsen voor zijn. Toen Scott en zijn kompanen uiteindelijk bij de geografische Zuidpool aankwamen, lag er een briefje van Amundsen. Hij was Scott 33 dagen voor geweest. Op de terugtocht stierven Scott en zijn maten, doodgevroren toen ze uitgeput waren door een gebrek aan voedsel en door het extreem slechte weer.'

Chris Cristal betrad samen met Yotta en Yocto de hut.

Ze keken om zich heen. 'Kijk, er slingeren nog blikken voedsel rond', zei Yotta. 'En er staat een opgezette pinguïn... en allerlei flesjes en pot-jes.'

'Ja', zei de studente, 'die waren voor wetenschappelijke experimen-ten.'

'Het lijkt wel alsof die mannen net van hun stoelen zijn opgestaan om buiten een frisse neus te halen', zei Yotta.

'Net of de tijd zelf hier vastgevroren is', zei Yocto.

'Zij gingen naar de geografische Zuidpool', zei Chris Cristal. 'Wij gaan naar de magnetische Zuidpool. Dat is die speciale plaats waar ik het gisteren over had.'

'Wat is een magnetische Zuidpool?' vroeg Yocto.

'De aarde heeft een magneetveld om zich heen', begon de studen-te. 'En elk magneetveld heeft een noord- en een zuidpool. Alleen liggen die magnetische polen niet op dezelfde plaats als de geografisch noord- en zuidpolen. Ze kunnen wel honderd kilometer van elkaar liggen. De magnetische polen veranderen voortdurend een beetje van plaats. Niemand die precies weet waarom. Niemand die de precieze plaats kan voorspellen. Op dit moment ligt de magnetische Zuidpool op een vrij makkelijk bereikbare plek en dichter bij McMurdo dan de geografische Zuidpool. Jullie hebben dus geluk. Dadelijk gaan we er naar toe.'

'Hoe weet je dan waar die plek is?' vroeg Yocto.

'Dat zal ik laten zien', zei Chris Cristal. 'Daarvoor gaan we een heel simpel kompas maken. Een kompas bestaat uit een vrij opgehangen magnetische naald. De ene punt van de naald wijst naar de magnetische noordpool en de andere punt wijst naar de magnetische zuidpool.'

'Hoe ontstaat dan een magneetveld?' vroeg Yocto.

'Dat is een moeilijk verhaal', ging Chris verder. 'Het heeft eigenlijk alles te maken met de bouwstenen van jullie Doos. Dat is het mooie van de Doos: als je goed begrijpt hoe die in elkaar zit, wat de bouwstenen zijn en welke verbindingen ze kunnen vormen, dan kun je heel veel van de wereld om je heen begrijpen. Met magneten zit het zo: al 2600 jaar geleden wisten mensen dat er in de natuur ertsen voorkomen die de eigenschap hebben dat losse stukjes ervan krachten op elkaar uitoe-fenen. Men zegt dat dat soort ertsen werden gevonden nabij de plaats Magnesia in het huidige Turkije. Vandaar de naam 'magneten'. Magne-tische ertsen blijken ijzer, nikkel of kobalt te bevatten. Soms ook combinaties van deze bouwstenen. IJzer, nikkel en kobalt zijn drie bouwstenen die ook in jullie Doos zitten.'

Yocto haalde de Doos uit de isolerende zak. 'Hier zijn de buisjes met Fe, Ni en Co', wees Chris aan. 'Dat zijn ijzer, nikkel en kobalt. Het kobalt ziet er zilverblauw uit. Het nikkel en het ijzer zijn alleen zilverachtig. '

'Voorwerpen met ijzer, nikkel of kobalt worden in de buurt van een magneet zelf een magneet', ging Chris Cristal verder. 'Magneetvelden worden eigenlijk veroorzaakt door bewegende elektrische ladingen die in alle bouwstenen zitten. Die veroorzaken kleine elektrische stroompjes die op hun beurt een klein magneetveldje opwekken. Vreemd genoeg gedraagt het inwendige van de aarde zich als een gigantische magneet. Hoe dat precies werkt, weten we nog niet. Het heeft iets te maken met gesmolten ijzer dat in grote hoeveelheden in de kern van de aarde zit.'

'O, dat is magma', zei Yotta. 'Daar hebben we op IJsland al over gehoord.'

'Ik wil een kompas maken', ging Yotta ongeduldig verder. 'Daar had je het toch over?'

'Goed', zei Chris Cristal, 'ik ga de spullen zoeken die we daarvoor nodig hebben.' Ze zocht in de hut wat spullen bij elkaar: een glas, een potlood, een klein gevouwen stukje karton, een touwtje en een naald. Ooit moest het allemaal zijn gebruikt door Scott en zijn medepoolreizigers. 'De naald moet je eerst magnetisch maken met een permanente magneet.' Ze haalde een staafmagneet uit haar jaszak en magnetiseerde de naald door hem een keer of twintig langs de staafmagneet te wrijven.

'Daarna steek je de naald door het gevouwen stukje karton. Dan hang je alles met een touwtje op aan een potlood. Als je het potlood nu bijvoorbeeld op een glas laat rusten, kan de naald vrij draaien in het glas. Zo kan de wind er ook geen grip op krijgen. Klaar is het kompas!'

Yotta en Yocto keken in het glas hoe de naald begon te draaien en duidelijk in één bepaalde richting ging hangen.

'Het kompas is lang geleden uitgevonden in China', zei Chris Cristal. 'Hoe simpel die uitvinding ook lijkt, het was een heel belangrijke uitvinding. Denk maar aan hoe schepen midden op zee hun koers moeten bepalen. Vóór de uitvinding van het kompas voeren zeevaarders op

de sterren, peilden ze de diepte van het water, gebruikten ze de wind-
richting of de waterstroming. Soms gebruikten ze zelfs de trekrich-
ting van vogels om hun koers te bepalen. Met het kompas ging de koers-
bepaling ineens veel preciezer.'

Ze wees in de richting van het zuiden, zoals het eenvoudige kompas dat aangaf. 'We moeten nu die kant op. Haal het kompas maar weer
uit elkaar en neem de spullen maar mee. Hier heb je de staafmagneet.
Jullie weten nu hoe het moet.'

Ze verlieten Scotts hut en bestegen opnieuw de sneeuwscooters. Door
de wind lag de gevoelstemperatuur nog lager dan zonder de wind al
het geval was. Het moest windkracht vier of vijf zijn. Aan het begin van
de scootertocht keek de tweeling nog met open mond om zich heen.
Ze zagen de uitgestrekte sneeuwvlakte, de rokende vulkaan Mount Erebus, die steeds verder weg raakte. Uur na uur gleden de ijzers van de
sneeuwscooters door de sneeuw.

Na een paar uur was de kou toch door alle warme kleding heen
geslopen. Spreken was al lang te vermoeiend. Yocto trok zijn rechteroor een aantal malen op om het warm te houden. Maar wat hij ook probeerde, met zijn linkeroor lukte dat kunstje niet. Het linkeroor ging
steeds meer pijn doen. Yocto had het gevoel dat hij het er in één ruk kon
afscheuren. Na een tijdje konden Yotta en Yocto aan niets anders meer
denken dan aan een plek om zich op te warmen. De kou ging pijn doen.
Ze raakten slaperig en de omgeving werd wazig.

Opeens kwam Chris Cristal naast hen rijden. 'Hé, niet in slaap vallen!' schreeuwde ze. Daar bij die vlag, daar ligt de magnetische Zuidpool! We zijn er! In honderden jaren heeft de magneetpool niet zo dicht
bij McMurdo gelegen als nu!'

'Ach, ze kunnen overal wel een vlag in de grond steken en zeggen
dat hier de magnetische Zuidpool is', zei Yocto tegen Yotta. 'Moet ik dat
echt geloven?'

Er werd snel een grote tent opgezet, waar iedereen kon uitrusten. De
onderzoekers warmden zich binnen op bij een gasbrander. Chris Cristal haalde de luchtballon tevoorschijn. 'Ik ga de ballon nu vullen met
helium', zei ze tegen de tweeling, terwijl ze een speciale gasfles tevoorschijn haalde. 'Helium is een gas dat veel lichter is dan lucht. Het is ele-

55

ment nummer 2 uit jullie Doos, net ietsje zwaarder dan waterstof.'

Yotta dacht aan het aansteken van de waterstof op IJsland. Snel graaide ze een doosje lucifers uit de uitrusting van Chris Cristal. Voordat de studente het in de gaten had, draaide Yotta de kraan van de heliumfles open, stak een lucifer aan en hield hem bij het uitstromende gas.

'Er gebeurt niets', zei ze verbaasd. 'Ik had gehoopt op een nog mooiere steekvlam dan die van de waterstof op IJsland.' Verbaasd en geschrokken keek Chris Cristal op. Maar ze zag dat er niets gevaarlijks kon gebeuren. 'Waterstof en helium zijn dan wel de twee allerlichtste bouwstenen, ze gedragen zich totaal anders', zei ze. 'Helium is een van de edelgassen. Samen met neon, argon, krypton, xenon en radon. De hele rechter kolom van jullie Doos. Dat zijn allemaal edelgassen.'

'Zijn die van adel of zo?' grapte Yotta.

'Ze heten edelgassen omdat ze niet reageren met andere stoffen', zei Chris Cristal. 'Daarom vloog helium ook niet in brand toen je er net een vlam bij hield. Waterstof vliegt snel in brand, helium helemaal niet. Mensen van adel gingen vroeger niet met het gewone volk om. Edelgassen gaan ook maar niet of moeilijk reacties met andere stoffen aan. Daarom hebben ze ooit die gekke naam voor deze gassen verzonnen.'

Ze nam de ballon, en begon hem met helium op te blazen tot hij een meter of twee hoog was. Onderaan hing ze een stevige doos, niet groter dan een boterhammentrommel, met allerlei meetinstrumenten erin.

'Hierin zit een deeltjesteller. Dat meetapparaat telt continu de aantallen waterdeeltjes, ijsdeeltjes en allerlei stofdeeltjes. Zo weten we hoeveel en welke deeltjes zich op een bepaalde hoogte bevinden. De ballon stijgt straks tot bijna 32 kilometer.'

'Hoe lang duurt dat wel niet?' vroeg Yotta.

'Daar doet hij dik twee uur over. Op 32 kilometer hoogte ontstaan speciale wolken en daar doen we onderzoek aan. Die wolken zijn heel belangrijk voor het begrijpen wat er met ozon en met de ozonlaag gebeurt. De ozonlaag houdt de gevaarlijke ultraviolette straling van de zon voor een groot deel tegen. Zonder de ozonlaag zou er geen leven op aarde mogelijk zijn. Dan zou alles wat leeft doodgaan. Een te dunne ozonlaag vergroot de kans op het ontstaan van huidkanker. Dus dat is ook gevaarlijk. Hoe en waar het ozon wordt geproduceerd en wat de rol is van die hoge wolken, onderzoeken we door deze ballon op te laten... Laat jij de ballon maar opstijgen, Yotta.'

De ballon was met een touw vastgeketend aan de besneeuwde bodem. Yotta maakte eerst het touw los. Ze drukte de doos met instrumenten tegen de grond om het opstijgen te voorkomen.

'Laat 'm nu maar los', zei Chris Cristal.

Yotta liet de doos los en de ballon steeg snel op.

'De deeltjesteller begint meteen met meten', zei Chris Cristal, 'en stuurt ook meteen al gegevens over temperatuur, druk, vochtigheid en aantallen deeltjes naar ons terug. Kom maar eens mee.'

Ze liepen terug naar de tent en de studente haalde een laptop tevoorschijn.

'Kijk, er komen nu al meetgegevens binnen. Maar het wordt pas echt interessant als de ballon tot grotere hoogte stijgt. Daar zit ook de ozonlaag.'

'Waar waait de ballon heen?' vroeg Yocto.

'Hij waait gewoon weg. We weten niet van tevoren waarheen maar we kunnen zijn weg wel volgen. Hoe hoger de ballon stijgt, hoe lager de luchtdruk buiten de ballon is. Het heliumgas drukt de ballonhuid daarom steeds meer naar buiten totdat luchtdruk buiten zo laag is dat de ballon knapt. De ballon en de instrumenten vallen naar beneden. Gelukkig zit er een zender in de doos. Omdat wij zelf een ontvanger hebben, kunnen we precies registreren waar de kapotte ballon neerkomt. Met een helikopter gaan we dan de spullen ophalen. Soms liggen ze diep in de sneeuw verborgen, maar meestal vinden we ze wel terug en meestal kunnen we de instrumenten dan weer opnieuw gebruiken.'

'Ik wil nu wel eens kijken wat het kompas hier aangeeft', zei Yotta. 'Wat gebeurt er met de kompasnaald nu we op de magnetische Zuidpool staan?'

Ongeduldig haalde Yotta het kartonnetje, de kompasnaald, de staafmagneet en het touwtje tevoorschijn. Ze magnetiseerde de naald opnieuw en hing de naald aan de draad in een glas. Ze rende met het hele spul naar buiten. Yocto holde achter haar aan. Ze zochten een mooie plek in de sneeuw uit, maakten een kleine kuil en installeerden het kompas. Gespannen keken ze wat er ging gebeuren.

'De naald trekt naar beneden!' riep Yotta. 'Hij gaat rechtop staan...

hij wijst de aarde in.'

'Hier komt het magnetisch veld omhoog!' riep Yocto. 'Het bewijs dat dit de magnetische Zuidpool is!'

'Ik heb een idee', zei een gehaaste Yotta. Ze haalde de buisjes met ijzer, nikkel, en kobalt uit de Doos. Eén voor één hield ze de buisjes in de buurt van de kompasnaald. 'De naald gaat bewegen! De magnetische Zuidpool kan zich toch niet zomaar verplaatsen?'

'Nee, natuurlijk niet', antwoordde Yocto. 'Chris zei toch dat deze drie metalen zelf een beetje magnetisch kunnen worden in de buurt van een andere magneet. Nou, dat gebeurt er, denk ik. Dan wordt het magneetveld van de aarde een beetje verstoord door het magneetveld van het metaal. Dan meet het kompas dus eigenlijk twee magneetvelden tegelijk... Weet je nog wat die schaker in het vliegtuig op weg naar IJsland zei? 'Alles wat maar ingewikkeld genoeg in elkaar steekt, lijkt op dekselse magie. Maar als je maar genoeg je best doet, blijken de dingen geen onverklaarbare magie, maar wonderlijke wetenschap."

'Geloofden jullie me niet?' riep een aanstormende Chris Cristal. 'Geloofden jullie niet dat hier de magnetische Zuidpool ligt? Gelukkig liegt het kompas niet!'

'Wetenschap gaat niet om geloven, maar om bewijzen, om controleren', antwoordde Yocto. 'Dat hebben we inmiddels wel geleerd.'

'Klopt', riep Chris Cristal, terwijl ze met haar handen in de sneeuw greep. Ze kneedde een sneeuwbal en gooide die met een stevige zwiep en een fraaie boog naar het hoofd van Yocto. Yocto draaide zijn hoofd om. Terwijl Chris Cristal 'Alles bestaat uit bouwstenen!' riep, spatte de sneeuwbal in stukjes uiteen tegen Yocto's rechteroog.

Chris Cristal had duizend maal haar excuses aan Yocto aangeboden voor het ongelukje. Op de terugweg naar McMurdo was Yocto's rechteroog helemaal blauw geworden. Maar door de opwinding over hun zuidpooltocht, vergat hij het ongeluk snel. Bovendien had de studente hem beloofd op zoek te gaan naar nummer 61 uit de Doos. Terwijl de tweeling ging uitrusten van de tocht, ging Chris Cristal meteen naar de McMurdo-bibliotheek. Ze dook in de boeken over de bouwstenen van de natuur.

Laat in de avond klopte de studente bij de tweeling aan.

Hoe heerlijk Yotta en Yocto het ook vonden om op hun bed te liggen uitrusten, toch vlogen ze allebei naar de deur.

'Wat heb je gevonden?' vroeg Yocto.

'Nummer 61 is het element promethium', zei Chris Cristal.

'Laat eens kijken', zei Yotta.

'Nee, ik heb het stofje zelf niet', zei de studente. 'Het komt niet meer op aarde voor.'

'Wat?' riep Yotta geschokt. 'Hoe bedoel je? Ik dacht dat al die 92 elementen uit de Doos op aarde voorkomen?'

'Toen de aarde ontstond, was er wel promethium. Maar promethium is sterk radioactief. Het zendt straling uit en daardoor verandert het in andere elementen. Al het promethium dat bij het ontstaan van de aarde aanwezig was, is zo vervallen naar andere elementen. Promethium is het enige van al die 92 elementen dat niet meer op aarde voorkomt.'

'Het enige?' zei Yocto. 'Dus *daarom* heeft vader het nooit kunnen vinden! Dat is de reden. Het is er gewoon niet meer! Maar wist vader dat dan niet?'

'Wat moeten we dan?' vroeg Yotta geschrokken. 'Dan krijgen we die Doos toch niet compleet?'

HOOFDSTUK 5
Walvissen en de bouwstenen van het leven

Yotta en Yocto hadden Chris Cristal nog een paar dagen geholpen om nieuwe experimenten voor te bereiden. Het waren echter vooral dagen om hun teleurstelling te verbijten. Teleurstelling over het ontbreken van nummer 61 op aarde.

'Ik vind het zo jammer dat we vaders verzameling niet compleet kunnen maken', had Yotta gezegd.

'Ja, ik ook', had Yocto gezegd. Maar eigenlijk was hij nog meer ontgoocheld omdat hij nu het idee had dat hij niet meer alles kon begrijpen. Hij was de Doos inmiddels gaan beschouwen als een gereedschapskist om inzicht te krijgen in de wereld. En nu kwamen ze er achter dat er één stuk gereedschap uit de kist ontbrak. Wat hij precies dacht, durfde hij niet tegen Yotta te zeggen. Hij schaamde zich dat hij eerst aan zijn eigen interesse dacht, en daarna pas aan die van vader.

'Jullie moeten er niet te lang bij blijven stilstaan', had Chris Cristal bemoedigend tegen de tweeling gezegd. 'Als promethium er niet meer is, dan is het er niet meer... Dat zal jullie vader best begrijpen. Verheug jullie liever over de rest van de reis.'

'Laten we dat inderdaad maar proberen', had Yotta tegen haar broertje gezegd.

Zo hadden ze afscheid genomen van de Amerikaanse studente en waren ze in het vliegtuig gestapt dat hen van Antarctica naar het Canadese Vancouver zou brengen. Want dat stond als volgende bestemming in hun vliegticket.

Bij de landing in Vancouver had Yocto's rechteroog inmiddels een fosforpaarse kleur aangenomen. En dat terwijl hetzelfde oog bij het opstijgen van McMurdo nog kobaltblauw was geweest. De ongelukkig terechtgekomen sneeuwbal, het kompas, de magnetische Zuidpool, de kou, de permanente duisternis. Het leek voor Yotta en Yocto al weer eeuwen geleden toen het vliegtuig de daling naar Vancouver inzette. Ze hadden Chris Cristal beloofd dat ze zeker eens naar haar laboratorium in de Verenigde Staten zouden komen. Want vaste lucht, dat wilden ze wel eens met eigen ogen zien. Eigenlijk geloofden ze er niets van.

Nu waren ze over de Verenigde Staten heen gevlogen naar Vancouver.

'Gelukkig is de lucht in de atmosfeer gewoon gasvormig en niet vast', had Yocto opgemerkt, 'anders zou het vliegtuig als een soort ijsbreker door de vaste lucht moeten snijden. Als een mes door een taart.'

Vancouver (Canada) – zo stond het in het vliegticket dat bij de Doos zat. Deze keer zat er echter tevens een kaartje bij voor een boottocht van Vancouver naar Vancouver Island, een 450 kilometer lang eiland voor de Canadese westkust. 'Walvissen kijken. Vraag bij aankomst naar Roberto', was erbij gekrabbeld. Het handschrift was duidelijk van vader.

'Walvissen kijken?' vroeg Yocto, 'wat heeft dat nou te maken met de Doos?'

'Dat zullen we wel merken', zei Yotta, 'je hoeft niet alles meteen te snappen.'

Een veerboot bracht de tweeling van Vancouver door een nauwe zeestraat naar Tofino, een kleine plaats aan de westkust van Vancouver Island. Tofino keek uit op de eindeloze golven van de Stille Oceaan. Vanuit de boot zag de tweeling dat de hele westkust bestond uit een dicht woud, vele fjorden en kleine onbewoonde eilanden. De haven van Tofino was klein. Veel schepen leken er niet aan te meren. Toen ze van boord stapten vroeg Yotta meteen naar Roberto. De vader van een indiaans gezin met een moeder en vier kinderen hoorde de vraag en leek helemaal niet verbaasd.

'Roberto verwacht jullie al', zei de vader. Hij nam de tweeling mee in hun grote auto.

'Hebben vader en moeder dit nou allemaal van tevoren geregeld?' vroeg Yotta aan haar broertje. 'Hoe kennen ze al die mensen en al die plekken op aarde?'

'Geen idee', antwoordde Yocto, 'maar merkwaardig is het allemaal wel. Mensen kunnen zo vreemd zijn. Ik snap soms niets van ze. Zelfs al

61

zijn het je eigen vader en moeder.'

Na vijf minuten rijden kwamen ze aan bij een vervallen houten huis. *Herberg De Evolutie – Alles is één* stond er op een groot bord. Daarnaast was een walvis getekend.

'Daar heb je Roberto', zei de vader van het gezin. Hij wees op een breedbesnorde man die in het hoge gras stond. 'Veel plezier in Tofino.' Terwijl de auto wegreed, zwaaide de hele familie de tweeling na.

Roberto stond wijdbeens in het gras met een grote lasso in zijn hand. Hij slingerde z'n lasso een aantal malen rond en gooide hem trefzeker richting een stoel die tien meter verderop stond. Roberto had de stoel voorzien van horens. Hij had beet en met gretige halen trok hij zijn zelfgemaakte wilde stier naar zich toe.

'Wat bent u aan het doen?' vroeg Yotta.

'Ik werkte als paardenverzorger op het vasteland van Canada', antwoordde Roberto. 'Een half jaar geleden brak een paard mijn been. Om de tijd te doden heb ik dit vervallen huis in Tofino gekocht en er een herberg van gemaakt. Ik ben geboren in Spanje, maar opgegroeid in Tofino. Nu wil ik hier de kunst van het lasso werpen op peil houden, voor als ik weer terug kan naar de ranch en ik m'n lasso weer om echte paarden moet gaan gooien... Nou ja, dat doet er ook allemaal niet toe. Jullie zijn hier niet gekomen voor mijn verhaal. Jullie zijn hier voor de walvissen en voor het regenwoud. Ik heb van jullie vader en moeder gehoord over de Doos. Ik heb nooit gestudeerd. Van de dode materie weet ik weinig. Geef mij maar alles wat leeft. Ik ken de dichte wouden hier op m'n duimpje. Bij elk spoor kan ik vertellen welk beest het heeft achtergelaten. Ik ken elke fjord van ons eiland. Alles wat ik heb geleerd, heb ik in de natuur geleerd. Je kunt veel leren van de dieren en de planten, weet je. Kom, berg jullie spullen binnen maar op en ga even rusten. Welkom in Herberg De Evolutie.'

De volgende dag nam Roberto de tweeling mee op een kanotocht naar het nabij gelegen Meares Island. Yotta en Yocto stapten met z'n tweeën in een dubbele kano. De Doos borgen ze op in een speciale waterdichte zak. Roberto had zijn eigen boot. Hij had ook nog een vriend meegenomen, Jean-Claude, een slungelige Canadees met een grote baseballpet op zijn kale hoofd. Roberto deelde aan iedereen een zwemvest uit.

Veel wind stond er niet en dus waren de golven slechts van bescheiden hoogte. Het peddelen was even wennen voor de tweeling. Yocto peddelde voorop. Yotta zat achter hem. In het begin sloegen hun peddels om de haverklap tegen elkaar.

'Tweelingen die niet eens synchroon kunnen peddelen', grapte Roberto.

Na een kwartier hadden Yotta en Yocto de techniek echter onder de knie. Zo peddelden ze rustig met z'n vieren naar Meares Island. Ze voeren door een diepe fjord. Aan weerszijden hing een dunne mist over het woud. Af en toe hoorden ze een vis een stukje uit het water springen.

'Stop even!' fluisterde Yotta tegen Yocto. Yotta keek voortdurend naar een andere plek op het wateroppervlak. Ze wilde een vis op heterdaad betrappen. Maar geen enkele keer lukte het.

'De vissen hebben kennelijk een ander idee van waar ze een hap willen nemen van de frisse buitenlucht', zei Yocto.

Aan de walkant zagen ze hoe een wasbeer gulzig een vis oppeuzelde. Vanuit de torenhoge bomen lanceerden gaaien zich voor een sierlijke zweefvlucht. Het water was kraakhelder en de tweeling kon een heel eind de diepte in kijken. Yocto had er plezier in te kijken hoe de peddel in het water leek te breken. Onder water ging het ding ineens een andere kant op.

'Ik vind het toch wel eng', zei Yotta tegen Yocto. 'Het water is erg koud. Ik kan goed zwemmen, maar als we omslaan ben ik bang dat mijn longen dichtklappen.'

'Ach, kom nou. We kiepen niet om', zei Yocto. Het klonk zelfverzekerd, maar hij was net zo bang als Yotta.

Na een uur peddelen stuurden ze de kano's naar de rand van het regenwoud. Ze trokken de kano's op een verlaten stuk zandstrand. Aan alle kanten was het groen, groen en nog eens groen.

'De hele westkant van het eiland is een dicht regenwoud', zei Roberto, terwijl iedereen zijn zwemvest uittrok. 'De temperatuur is er totaal niet tropisch, maar de hoeveelheid regen wel degelijk. Jaarlijks valt hier minstens drie meter regen. Net zoveel als in de tropen. Kom, ik laat jullie een stuk van het regenwoud zien.'

Met z'n vieren liepen ze van het zandstrand naar een kleine opening in het bos. 'Hier loopt een pad door het dichte bos', zei Roberto. 'Blijf vooral op dit pad lopen. Als je ervan af gaat wijken is de kans klein dat je de weg terug vindt. Alles lijkt op elkaar en ik ben wel eens uren verdwaald. Het geluid van spelende kinderen bracht me uiteindelijk terug op m'n pad.'

Yotta gooide haar paardenstaart naar achteren en keek omhoog: 'Wat een bomen!' riep ze vol ongeloof.

'Sommige bomen zijn meer dan duizend jaar oud', zei Roberto, met glinsterende ogen. 'Enkele meten wel twintig meter in omtrek. Die kunnen we met ons vieren nog niet eens helemaal omspannen. Jammer genoeg worden de wouden bedreigd door de houtkap. Een eeuw geleden was het hele eiland één groot oerbos. Nu is daar alleen nog maar het westelijke deel van het eiland van over. Kijk', en hij wees ergens hoog in een boom. 'Daar zit een verlaten adelaarsnest. Er zitten veel adelaars aan deze kant van het eiland.'

De zon was inmiddels door de wolken heen gebroken. Het licht trok kaarsrechte strepen door het bos.

'Waarom kun je de lichtstralen nu zien?' vroeg Yocto aan Roberto.

'Als je goed kijkt zie je allemaal kleine stofdeeltjes in de lucht', zei Roberto. 'Die weerkaatsen het zonlicht. Je ziet allemaal strepen van dansende stofdeeltjes.' Hij klopte vriendschappelijk met zijn rechterhand tegen de stam van een reuzenboom en zei: 'Geen leven zonder licht.'

'Wat bedoel je?' vroeg Yotta.

'Nou gewoon', zei Roberto, 'dieren, planten en mensen hebben licht nodig. Planten groeien naar het licht. Zonder licht gaan ze dood. Dieren en mensen hebben een dag-nacht-ritme. Mensen die te lang in de duisternis zitten, kunnen gek worden. Kijk maar bij mensen die boven de poolcirkel wonen. Dat schijnt daar vaak voor te komen, een soort eskimohysterie. De indianen hier vereren de zon om haar licht... Wat moet ik er meer over zeggen?'

'Om allerlei redenen hebben we licht nodig voor het leven op aarde', begon Jean-Claude. 'Planten gebruiken licht, samen met koolstofdioxide en water. Dat zetten ze om in suikers en in zuurstof. Die zuurstof heeft de mens nodig om te kunnen ademen. Zonder alle planten op aarde was er voor de mens nooit genoeg zuurstof geweest om te kunnen ademen. Voordat planten over de hele aarde voorkwamen, bestond de atmosfeer rond de aarde uit koolstofdioxide, een verbinding van de bouwstenen koolstof en zuurstof. Dat zijn die belletjes in een fles cola of andere frisdrank. Dankzij het ontstaan van bacteriën, algen en planten werd het koolstofdioxide met behulp van licht omgezet in zuurstof. Toen pas konden de hogere diersoorten ontstaan.'

'Zuurstof, koolstof, dat zijn allebei bouwstenen die in onze Doos zitten', zei Yocto. Hij haalde de Doos tevoorschijn uit de waterdichte zak die hij voor de wandeling in zijn rugzak had gestopt. 'Wat heeft licht nou te maken met die bouwstenen? Bestaat licht ook uit bouwstenen van de Doos?'

'Van het moment van opstaan tot het naar bed gaan zien we dingen om ons heen dankzij licht', zei Jean-Claude. 'We zien onszelf in de spiegel, we kijken tv, we kijken naar de natuur, naar de hemel, naar anderen. Wat onze ogen werkelijk zien is licht. Dankzij licht dat op ons netvlies valt, kunnen we dingen zien. Wat licht nou eigenlijk is... tja... dat is niet makkelijk uit te leggen. Het werd ook pas een eeuw geleden ontdekt. Licht bestaat niet uit bouwstenen van jullie Doos, maar het heeft er wel veel mee te maken. Licht kan namelijk ontstaan uit die bouwstenen...'

'O ja? Laat dat dan maar eens zien', zei Yotta.

'Zo makkelijk kan ik dat nu niet laten zien', antwoordde Jean-Claude, 'maar geef mij de Doos toch eens even.'

Yotta overhandigde hem de Doos. Jean-Claude haalde er het buisje met het opschrift Ra uit. 'Ra staat voor radium', zei hij. 'Als het donker is moeten jullie het buisje maar eens met een zaklamp beschijnen. Kijk maar eens wat er dan gebeurt...'

'Wat gebeurt er dan?' vroeg Yotta, ongeduldig als altijd.

'Dat ga ik niet verklappen', probeerde Jean-Claude nog.

'Toe nou...', drong Yotta aan. 'Het duurt nog zo lang voordat het donker wordt. Vertel toch eerst wat er gebeurt. Dan gaan Yocto en ik het zeker later proberen.'

'Nou, goed dan', zei Jean-Claude. 'Jullie zullen zien dat het staafje in dit buisje licht gaat geven. Er zit in dit buisje alleen maar een heel klein beetje radium. Want radium is radioactief.'

'Radioactief!' riep Yotta opgewonden. 'Net als nummer 61 dus, net als promethium...'

'Promethium? Nummer 61? Wat bedoel je?' vroeg Jean-Claude vol onbegrip.

'De Doos is niet compleet', zei Yotta. 'Er zitten niet alle bouwstenen in. We missen nog promethium. Op Antarctica vertelde Chris Cristal ons dat promethium niet meer op aarde voorkomt, omdat het sterk radioactief is.'

'O, dat zou best kunnen', zei Jean-Claude. 'Ik ken niet alle elementen. Ik weet wel dat de meeste stoffen uit jullie Doos helemaal niet radioactief zijn. Die zijn stabiel. Waterstof, koolstof, zuurstof, ijzer... nou ja, eigenlijk de meeste van die stoffen blijven zoals ze zijn in die buisjes zitten. Maar sommige stoffen zijn niet stabiel. Die kunnen spontaan uit elkaar vallen en overgaan in andere elementen. Dat heet radioactiviteit. Het is niks geks, want het komt van nature op aarde voor. Overal op aarde is er een klein beetje radioactiviteit. Maar dat is zo weinig, dat het ongevaarlijk is. Maar sommige elementen stralen wel sterk, en dan is het gevaarlijk en kun je er ziek van worden. Nou ja, ik weet niets over promethium, maar wel iets over radium. Het staafje in dat buisje met Ra bevat maar een heel klein beetje radium. Anders zou het wel gevaarlijk worden. De rest van het staafje is zinksulfide, een verbinding van zink en zwavel. Omdat het radium een klein beetje straling afgeeft gaat het zinksulfide gloeien in het donker als je het eerst met een zaklamp beschijnt.'

'O, is dat zoiets als die gloeiende plaksterren die ik wel eens in een speelgoedwinkel heb gekocht?' vroeg Yotta. 'Als je dan voor het slapen gaan het licht in je kamer uitdoet, zie je die sterren nog een tijdje nagloeien.'

'Ja, precies', antwoordde Jean-Claude, 'dat is een zelfde soort effect. Dat laat in ieder geval zien dat licht kan ontstaan uit materie, uit die bouwstenen van jullie Doos.' Hij dacht een moment na, en zei toen: 'Ik weet nog een makkelijker voorbeeld. Als je ijzer heel heet gaat maken, wordt het eerst rood en daarna, als je door gaat met verhitten, wordt het zelfs witheet. Wit is eigenlijk een samenstelling van alle kleuren van de regenboog. Vaak als je een materiaal sterk gaat verhitten zul je zien dat het licht gaat geven. Er gebeurt dus iets met de bouwstenen waardoor ze licht gaan geven.'

'Nou weten we nog steeds niet wat licht is', ging Yocto verder.

'Wil je dat echt allemaal weten?' vroeg Jean-Claude.

'Anders vroeg ik het toch niet', antwoordde Yotta geïrriteerd. 'Of denk jij ook al dat ik daar veel te jong voor ben? Ik ben toevallig wel al twaalf jaar... en bijna zeven maanden.'

'Goed... goed', zei Jean-Claude. 'Licht bestaat uit lichtdeeltjes, die helemaal niets wegen. Eigenlijk zit licht nog idioter in elkaar. Licht gedraagt zich soms als golven, maar soms als deeltjes. Als het licht heel veel energie heeft, kun je licht het beste als deeltjes beschrijven. Als het licht weinig energie heeft, past een beschrijving met golven het beste. Alle experimenten hebben dat aangetoond. Heel gek, maar zo is het nu eenmaal.'

'Ik wil altijd vragen *waarom* dat dan zo is', zei Yocto.

'Dat kan ik me voorstellen', zei Jean-Claude, 'dat hebben veel mensen. Je moet echter bedenken dat wetenschappers de wereld alleen maar kunnen beschrijven. Ze kijken er naar, doen experimenten, denken na en stellen theorieën op. Maar op de vraag waarom de natuur dan zus-en-zo in elkaar zit, daarop weet helemaal niemand een antwoord. Licht beweegt met een snelheid die we de lichtsnelheid noemen... een onvoorstelbare hoge snelheid van bijna driehonderdduizend kilometer per seconde. Niets kan ooit sneller dan met die snelheid bewegen. Het is waanzinnig snel. De vraag waarom licht die snelheid heeft, kan niemand beantwoorden. We meten het, en dan is het gewoon zo.'

'Driehonderdduizend kilometer per seconde... daar kan ik me niets bij voorstellen', zei Yotta, haar dunne wenkbrauwen fronsend. 'Het is allemaal zo moeilijk.' Ze had zin om viool te gaan spelen, maar dat kon moeilijk zonder haar instrument. Ze haalde haar vioolkoffer uit haar rugzak en begon er lichtjes op te trommelen.

'Driehonderdduizend kilometer per seconde... Dat betekent bijvoorbeeld dat het licht van de zon er acht minuten over doet om de aarde te bereiken', legde Jean-Claude uit. 'Als je de zon net onder de horizon ziet verdwijnen, is hij eigenlijk al acht minuten geleden onder gegaan. Niet alleen de snelheid van het licht is bizar. Licht is een en al gekheid. Neem nou geluid. Geluid heeft materie nodig om zich in voort te planten. Geluid gaat door de lucht, door water of door een of ander materiaal. Maar geluid kan niet door het luchtledige gaan, door het vacuüm. Licht kan dat wel. In vacuüm is de snelheid van licht het grootste. Als licht zich voortplant in lucht, water of in glas, wordt het een beetje afgeremd. Licht weegt niets, maar licht heeft wel energie... Wacht even... We hebben nu mooi sterk licht, dus ik kan makkelijk de energie van licht demonstreren.'

Hij haalde uit zijn rugzak een fles, een spijker en een stukje touw tevoorschijn.

'De energie van het zonlicht kun je in één punt samenballen', ging Jean-Claude verder, terwijl hij de spullen op een bodem van bijeengeraapte bladeren uitstalde. 'Hang een lange spijker op aan een draadje. Neem nu een fles met een schroefdop. Draai de dop van de fles, en hang de spijker in de fles. Wikkel het andere uiteinde van de draad om de schroefdraad aan de hals van de fles. Als je nu de dop op de fles schroeft, hangt de spijker aan een vast punt in de fles.'

Vervolgens haalde hij een vergrootglas tevoorschijn en gaf het aan Yotta.

'Richt de zonnestralen die op het vergrootglas vallen precies op de draad', gaf hij als aanwijzing. 'De zonnestralen komen vanzelf samen in het brandpunt van de lens. Het enige wat je moet doen, is zorgen dat je het brandpunt van de lens precies mikt op de draad.'

Yotta richtte het brandpunt precies op de draad die in het glas hing.

'Blijf dat een tijdje volhouden', zei Jean-Claude. Ze keken gespannen toe. Alleen Roberto leek met zijn hoofd ergens anders. Na een paar minuten begon de draad te roken. Pluimpjes rook stegen op van het touwtje. De rook werd sterker, de draad brandde door en de spijker kletterde tegen de bodem van de fles.

'Zoveel energie bevat zonlicht dus', zei Jean-Claude. 'Je kunt er brand mee stichten en je kunt er een draad mee doorbranden.'

Al die tijd had Roberto geduldig geluisterd. Af en toe had hij toegekeken, maar meestal zat hij wat te spelen met rottende bladeren of liet hij een of andere slijmerige slak over zijn hand glibberen. Nu schoot hij met zijn rechterwijsvinger een torretje de lucht in en zei: 'Mooi hoor... Ik was begonnen te vertellen dat er zonder licht geen leven zou zijn, maar waar zijn we inmiddels aanbeland? Weer bij die dorre, levenloze natuur. Zitten jullie met een vergrootglas te spelen terwijl het leven in de meest vreemde vormen om jullie heen springt in dit oerbos.'

'Ik wil gewoon weten hoe dingen in elkaar zitten', zei Yocto.

'Oké, oké, het is al goed', verzuchtte Roberto. 'Ik weet het. Ik ben nooit zo geïnteresseerd geweest in alles wat niet leeft. Als het gaat om licht...licht en leven...' Zijn ogen begonnen te twinkelen. 'Weten jullie dat sommige dieren in de loop van de evolutie lichtgevende organen hebben ontwikkeld? Het vuurvliegje kan licht geven. Dat ziet er net zo uit als die lichtgevende plaksterretjes van jullie. Hij bestuurt zijn eigen gloeilamp. En er bestaat een bizarre diepzeevis, de lantaarnhengelvis. Die heeft een soort hengel op zijn kop met een lantaarn eraan vast. De vis is erg traag en hij ziet veel te slecht om zelf op andere visjes te jagen. Maar met zijn lichtgevende hengel lokt hij andere visjes. Hij spert zijn bek open, de visjes komen op zijn lantaarn af, en... hapslik-weg... zo eet hij de visjes op. Slim, hè. Kijk, dat vind ik nou boeiend...'

'Maar dat vind ik óók boeiend', sputterde Yocto tegen. 'Je kunt toch de levenloze én de levende natuur boeiend vinden!'

Roberto zuchtte. Hij wachtte even, peuterde wat in een stuk rottend hout, en ging toen verder met zijn verhaal: 'Lichtgevende vuurvliegjes, lantaarnhengelvissen. Zo slim zit de natuur nou in elkaar. Zo hebben dieren zich in de loop van de tijd steeds beter aan hun omgeving aangepast. Zo'n lantaarnhengel ontstaat natuurlijk niet zomaar. Daar heeft de natuur miljoenen jaren voor nodig gehad om zoiets langzaam te ontwikkelen. Evolutie... evolutie....Een lantaarnhengelvis met een gemankeerde lantaarn zal snel zelf opgegeten worden. Alleen de lantaarnhengelvissen met de beste lantaarns hebben de grootste kans zelf te overleven....Genoeg over lantaarnhengelvissen. Die zien we hier toch niet... Daarvoor moet je zo diep in de zee duiken dat het zonlicht er niet eens meer terechtkomt... Maar er is zoveel ander moois te zien in dit woud... Kom op, laten we verder lopen.'

Ze liepen dieper het bos in. De bodem bestond uit een dikke laag van rottend hout, van takken, bladeren en varens. Materiaal dat ooit levend was, maar nu volop lag te sterven. Het trok grote mieren aan en allerlei soorten mossen. Dikke druppels vielen van de bladeren naar beneden. Het rook er intens naar hout, een geur die vooral Roberto erg op zijn gemak stelde.

'Wat is het bos hier toch een rotzooi', zei Yocto.

'Dit is bos zoals het er van nature uitziet', zei Roberto geprikkeld. 'Rottende, scheurende boomstronken vol mieren en kevers. Een boom met kanker. Omgewaaide, ontwortelde bomen. Bomen die elkaar het licht in de bladeren niet gunnen. Dode bomen die net zoveel leven bevatten als levende bomen. Chaos waaruit nieuwe orde kan ontstaan. Het is juist deze natuurlijke rotzooi die het rijke planten- en dierenleven van het oerbos waarborgt. De tijd doet hier ongestoord zijn werk.

69

De mens mag alleen aandachtig toeschouwer zijn van de natuur. Daar hou ik van.'

De sparren bereikten hoogten van zestig tot negentig meter. De bomen waren nat, de bodem was nat, de lucht voelde nat. Overal was het nat. Yotta bukte zich over een dode boom. Het krioelde er van de wormen, mieren en kevers. Het stonk afschuwelijk. Ineens zag Yotta een dode vogel, die van alle kanten werd aangevreten. Ze begon overal jeuk te voelen. Over haar hele lichaam wilde ze zich wel krabben. Het was alsof ze alle stappen van de mieren en de kevers hoorde. Toen ook nog een boomkikker plotseling voor haar neus een reuzensprong maakte, gilde Yotta het uit.

'Weinig gewend, zie ik', lachte Roberto. 'Weet je, het kan wel vijfhonderd jaar duren voordat een dode boom volledig is vergaan. Elke boom is hier een wereld op zichzelf. Elke boom herbergt talrijke gastplanten. Mossen gedijen op de boom door zich tegoed te doen aan het calcium in de boomschors. En ze halen voedingsstoffen uit de regendruppels die van de bladeren van de boom op het mos vallen. Kijk, je ziet hier overal bomen die voor het grootste deel bedekt zijn met mos. Uiteindelijk valt het mos op de bodem. Mossen zorgen voor een groot deel van de stikstof in de grond van dit woud...'

'Nooit geweten dat de stikstof uit het buisje in onze Doos zo belangrijk is voor de bodem en het leven in de bodem', zei Yocto.

'Ja, stikstof is heel belangrijk voor de bodem. Het is de natuurlijke manier van bodembemesting', ging Roberto verder. 'Daardoor kan daarna weer nieuw leven groeien. Het mos wordt gegeten door herten en andere beesten. En er leven hier wolven, die weer op die herten jagen...'

'Ik vind het zo zielig voor die mooie herten dat ze verscheurd worden door wolven', murmelde Yotta.

'De natuur houdt geen rekening met wat mensen mooi of lelijk vinden. De natuur is meedogenloos', zei Roberto. 'De ene soort eet de andere. De natuur is een ingewikkeld geheel waarin de ene soort de andere nodig heeft. Het precies begrijpen van al die relaties gaat onze menselijke hersenen te boven. Al het leven heeft elkaar nodig. De indianen die oorspronkelijk dit eiland bevolkten, zeggen: Alles is één.'

Een uur hadden ze gelopen, toen ze opeens weer terug waren bij de plek waar ze de kano's hadden achtergelaten. Geregend had het niet, maar ze waren nat van alle druppels die van de bomen naar beneden waren gevallen.

'Zoveel water, zoveel leven', zei Roberto. 'Mooi... dat was dan de eerste helft van jullie uitstapje in de speeltuin van de evolutie.'

Yotta stapte als eerste weer in de tweepersoonskano. Yocto trok de kano langzaam het water in, zette zich krachtig af tegen het zand, en spoedig peddelden ze weer in een voorbeeldig ritme. Na een half uur voeren ze langs een eiland waar twee grote adelaarsnesten in een boom zaten. Twee forse adelaars keken met hun witte koppen vanuit de hoogte op de vier kanovaarders neer. Het was de eerste keer dat Yotta en Yocto adelaars zagen. Even later passeerde op volle snelheid een rubberboot met in een soort rode poolpakken gehesen toeristen. Roberto peddelde wat dichter naar de kano van de tweeling. Hij legde uit dat de toeristen op zoek gingen naar walvissen.

'Morgen neem ik jullie ook op zo'n tocht mee', zei hij, 'de tweede helft van jullie ontmoeting met de wonderlijke maar ook wrede evolutie. Dat is nog eens wat anders dan die saaie Doos van jullie.'

'Onze Doos is niet saai', riep een geërgerde Yocto. 'Zuurstof, stikstof, koolstof... We hebben net in het bos toch gezien hoe belangrijk die bouwstenen zijn, ook voor alles wat leeft...'

'Ben ik voor jou dan alleen maar een berg bouwstenen?' vroeg een schouder ophalende Roberto. Hij begon met zijn kano golven te maken. De kano van de tweeling ging flink wiebelen.

Plots botsten de peddels van Yotta en Yocto met een flinke klap tegen elkaar. Een overvliegende meeuw schrok zo dat hij luid kwetterend en met de precisie van een jachtbommenwerper zijn witbruine uitwerpselen voor op de kano van de tweeling mikte.

'Let nou toch op!' riep Yocto, terwijl hij zich met een ruk omdraaide. De boot begon nog heviger te schommelen. Yotta werd bang dat de kano zou omkiepen. Ze wachtten tot de boot weer rustig op het water lag, en peddelden toen verder.

Het haventje van Tofino kwam al weer in zicht.

'Klaar voor de walvissen?' vroeg Roberto de volgende morgen bij het ontbijt. Na een voedzame mueslimaaltijd liep de tweeling samen met Roberto weer naar de haven toe. Een rubberen motorboot lag al klaar. Yotta en Yocto hesen zich in dezelfde warme, rode pakken waarin ze gisteren de toeristen hadden gezien. Ook Jean-Claude was weer van de partij. Met een kilometer of zestig per uur snelde de boot naar een eenzame rots in de Stille Oceaan. De hele rots lag vol met in de zon luierende zeehonden en zeeleeuwen. Af en toe dook er eentje het water in.

'Prachtig, die zeeleeuwen en zeehonden', zei Roberto, 'maar het meest imposante dier dat de evolutie heeft voortgebracht, is toch wel de walvis. Groter dan de olifant of het nijlpaard. Nog meer tot de verbeelding sprekend.'

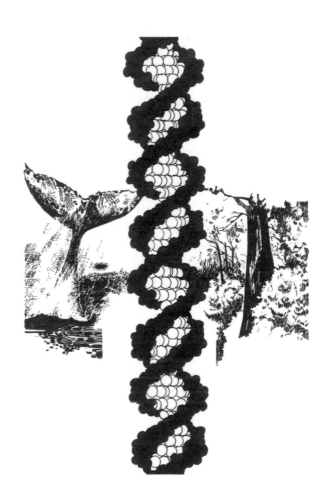

'En de dinosaurussen dan?' merkte Yotta op.

'Je hebt gelijk', zei Roberto, 'de dinosaurussen waren nog groter, maar die leven niet meer. Walvissen gelukkig wel nog. Op dit punt in de Stille Oceaan komen vooral bultruggen en grijze walvissen voor. Als we vandaag walvissen zien, zijn het waarschijnlijk grijze walvissen. Die komen hier veel vaker voor dan bultruggen. De walvissen trekken tussen Noord-Canada en Mexico heen en weer en komen dus langs Vancouver Island.'

'Gaan we op goed geluk maar een beetje rondvaren in de hoop een walvis te zien?' vroeg Yotta.

'Ja, en nee', antwoordde Roberto. 'Inderdaad gaan we eerst op goed geluk een bepaalde richting uit. Maar we gebruiken ook een truc. We laten af en toe een sonar in het water zakken. Die zendt geluidsgolven uit en vangt de teruggekaatste geluidsgolven weer op. Uit het patroon van het teruggekaatste geluid kunnen we opmaken of er een walvis onder water zit of niet. Als er ergens een walvis zit, moeten we ook niet te dichtbij komen. Dat maakt de sonar ook zo handig.'

Bij de derde fjord die het rubberbootje invoer, stak Roberto, die de sonar in het water liet zakken, zijn duim omhoog. 'Er ligt hier een walvis in het water', zei hij met een gezicht van intense blijdschap. 'We moeten nu geduldig wachten tot hij weer boven water komt om adem te halen...'

'En als hij dan dichtbij onze boot boven water komt?' vroeg Yotta bezorgd.

'Tja', zei Roberto, 'vooral geen gekke dingen doen. In principe vallen walvissen geen mensen aan.'

Na een minuut of vijf wachten was Yocto de eerste die iets zag bewegen aan het wateroppervlak.

'Kijk, daar zie ik iets', zei hij met zachte stem, bang om te veel geluid te maken.

'Het is inderdaad een grijze walvis', zei Roberto. 'Een meter of vijfentwintig lang.'

Ze zagen een grote grijze rug een klein stukje boven het wateroppervlak uitsteken. Door het gat aan de bovenkant stootte het beest een fontein van water uit. Vervolgens zoog hij een diepe ademteug naar binnen. Af en toe tikte zijn staartvin tegen het wateroppervlak. Ademloos keken ze allemaal toe. Na een paar minuten dook het beest weer helemaal onder water.

Even later zagen ze nog een grijze walvis.

'Ze zwemmen hier met z'n tweeën', zei Roberto.

'Misschien is het ook wel een tweeling', zei Yotta glimlachend. 'Of kunnen walvissen geen tweeling krijgen?'

Yocto nam intussen de Doos te voorschijn, opende het deksel, en keek hoofdschuddend naar de verzameling buisjes. 'Wat ik toch niet snap', begon Yocto, 'is wat het verband is tussen al die bouwstenen uit de Doos en levende wezens zoals mensen, dieren en planten. Die bouwstenen zijn toch allemaal zo dood als een pier? Je kunt er tegen schoppen, maar je hoort geen 'au'. Je kunt een hoopje van een of andere stof aaien, maar het reageert totaal niet. Je kunt het in tweeën hakken, maar het groeit niet meer aan. Dat een computer, een voetbal of een auto uit dood-als-een-pier-bouwstenen bestaan, kan ik nog wel begrijpen. Maar een bloem die groeit en bloeit, een walvis die jongen krijgt en een baby die tot een volwassen mens groeit... hoe kunnen die alleen maar bestaan uit levenloze bouwstenen?'

'Je stelt een goeie vraag', antwoordde Jean-Claude, terwijl hij zich schrap zette. 'Wetenschappers hebben daar ook nog geen precies antwoord op. Een aantal deelantwoorden hebben ze wel al. We weten zeker dat het leven op aarde voor het eerst ongeveer vier miljard jaar geleden verscheen. Het kan op aarde zijn ontstaan uit niet-levende materie, maar het kan hier ook zijn gekomen vanuit de ruimte.'

'Je bedoelt dat het leven van elders in het heelal hier naar toe gekomen is?' vroeg Yocto vol ongeloof. 'Hoe dan? En hoe is het leven dan elders in het heelal ontstaan? Dan verschuif je het probleem toch alleen maar?'

Jean-Claude keek verlangend omhoog en zei: 'Het zou kunnen dat het leven bijvoorbeeld op aarde is gebracht door neerstortende meteorieten die sporen van leven bevatten. Dat kan, maar we weten dat absoluut niet zeker. Het leven kan net zo goed op de aarde zelf zijn ontstaan. Maar zoals je al zei, ook als het leven van elders in het heelal op aarde terecht is gekomen, is het daar ontstaan uit niet-levende materie. Hoe dan ook, we weten niet precies hoe ooit ergens leven uit niet-levende materie is ontstaan. Dat moet in een groot aantal stappen zijn gebeurd. En er zal veel tijd, heel veel tijd, over zijn heengegaan. Bedenk wel dat de aarde al 4,5 miljard jaar oud is.'

'Wat betekent *leven* dan precies?' vroeg Yocto. 'Wanneer mag je iets levend noemen?'

'Het is moeilijk precies te omschrijven wat leven is', antwoordde Jean-Claude hoofdschuddend. 'Misschien kunnen jullie het zo zien: mensen, dieren en planten kunnen actief reageren op hun omgeving, mensen en dieren natuurlijk wat beter dan planten. Een steen of een ijzeren staaf kunnen dat niet: ze kunnen niet vluchten, ze kunnen zich niet terugtrekken, ze kunnen niet in de aanval gaan. Dan is er nog iets essentieel voor leven. Levende materie kan groeien en zich voortplanten.'

'Hoe zit het dan met de bouwstenen uit de Doos? Welke rol spelen die dan precies?' vroeg Yocto, die zich helemaal vast beet in het onderwerp.

Jean-Claude lichtte zijn baseballpet een stukje op, genoeg om zijn kale kop even wat licht en lucht te gunnen. Hij rolde zijn tong in de vorm van een buisje, spuwde een fluim overboord, en zei toen: 'Het mooie is dat zowel de meest simpele levensvormen, zoals bacteriën, als de meest ingewikkelde levensvormen, zoals mensen en mensapen, dezelfde bouwstenen en dezelfde reacties tussen bouwstenen gebruiken. Al het leven zoals wij aardbewoners dat kennen, heeft drie essentiële dingen nodig. Allereerst moet er energie beschikbaar zijn. Een levend organisme kan energie halen uit chemische reacties, zonlicht, warmtebronnen in de aarde of door het eten van andere organismen. Ten tweede moet er vloeibaar water beschikbaar zijn. Al het leven zoals wij dat kennen, heeft water nodig, veel water zelfs.'

'Ik heb wel eens gehoord', zei Yotta, 'dat een mens wel een maand zonder eten kan overleven, maar niet langer dan een dag of drie zonder water...'

'Het menselijk lichaam bestaat voor zestig procent van het totale gewicht uit water', zei Jean-Claude, terwijl hij met zijn handen wat zeewater opschepte en het precies tegen Roberto aan gooide. 'Hé, wakker worden, Roberto! Ga nog eens een mooie walvis voor ons zoeken...' Hij schaterlachte. Roberto schoot uit zijn sukkelslaapje, pakte een verrekijker en ging turen naar de vogels.

'Negentig procent van het gewicht van de hersenen bestaat uit water', ging Jean-Claude verder. 'Het lichaam is een soort enorme spons die water opneemt en het verdeelt naar andere delen van het lichaam waar water nodig is, en dat is dus bijna alles. De derde voorwaarde voor leven is de aanwezigheid van een essentiële reeks bouwstenen: koolstof, waterstof, stikstof, zuurstof, fosfor en zwavel. Onthoud het maar via de afkorting CHNOPS. C voor koolstof, H voor waterstof, N voor stikstof, O voor zuurstof, P voor fosfor en S voor zwavel. Alle dieren, van smerige ratten tot sierlijke antilopen, alle planten, van stekelige cactussen tot geurige orchideeën, al het leven bevat deze bouwstenen. En die bouwstenen zitten allemaal in jullie Doos. Op een wat ingewikkeldere manier zitten ze in alle menselijke, dierlijke en plantaardige cellen.' Hij blies even flink wat lucht uit. Een walvis zou er trots op geweest zijn.

'Al die vreemde gedachten van jullie verpesten voor mij het plezier in de walvissen, de adelaars en de reuzenbomen', kon Roberto niet langer nalaten te zeggen. Hij legde zijn verrekijker neer.

'Beste Roberto', zei Jean-Claude ironisch, 'wij genieten net zo goed van de walvissen, de adelaars en de reuzenbomen. Maar voor ons worden ze alleen maar mooier als je ook een verband legt met de hele levenloze natuur, met alle 92 bouwstenen die van nature voorkomen.'

'Als de aarde ooit een levenloze bende was', zei Yocto, 'met wel al alle 92 bouwstenen, dan moet toch op een of andere manier het eerste levende wezentje ook bestaan uit een combinatie van bepaalde bouwstenen. Daar ben ik nu wel van overtuigd. Ik zou toch wel erg graag willen weten hoe dat is gegaan...'

'Ach, het zal de walvissen allemaal een zorg zijn, wat wij denken', zei Roberto. 'Wat kan het nou schelen hoe dat is gebeurd? Ik ben in ieder geval blij dat de evolutie ze heeft gemaakt.'

'En ik ben blij dat ik er vandaag twee heb gezien', zei Yotta. 'Weet je', zei ze tegen haar broertje, 'ik vind onze Doos ineens veel interessanter nu ik weet dat ook alle leven op aarde op een of andere manier uit die elementen bestaat. Maar ik blijf het wel heel gek vinden dat een walvis uit elementen bestaat en een dooie steen ook.'

Yocto trok zijn rechteroor subtiel op. 'Tegen mij zeg je toch altijd dat ik dingen niet meteen hoef te begrijpen...'

'Weet ik', zei Yotta, 'maar als ik uit elementen besta, geldt dat dan ook voor mijn gevoel?...Als ik me blij voel, wanneer ik goed viool speel... Of treurig, als ik slecht speel.' Ze zwiepte met haar paardenstaart op en neer. 'Ik word er bang van als ik daar aan denk.'

'Ik snap het ook niet', antwoordde Yocto.

Ze voeren de fjord weer uit en kwamen op volle zee terecht. Van daaruit denderde de rubberboot weer terug richting Tofino. Puffins had Roberto de tweeling weliswaar niet beloofd, maar die kregen ze er als toetje bij. De twee puffins die ze op het water zagen, moesten in een goede bui zijn om niet meteen op de vlucht te slaan voor de aanstormende boot. Roberto zette de boot stil om de vogels goed te bekijken.

'Wat een prachtige kleuren', riep Yotta.

De beesten doken snel kopje onder toen de motor weer op volle toeren begon te draaien.

Yotta en Yocto zaten voor in de boot. Roberto voerde de snelheid op en de tweeling werd in een soort rodeo losgelaten. De golven smeten de boot meer dan een meter de lucht in waarna de tweeling met een harde klap telkens weer op het water neersloeg.

'Arme vis die net een luchtje wil scheppen', zei Yotta.

Terug in Tofino had de tweeling nog zeker een uur geamuseerd verder gediscussieerd met Jean-Claude over hoe toch ooit leven kon ontstaan uit niet-levende materie. Roberto stond buiten weer zijn lasso om de stoel-met-horens te werpen, en had daar veel plezier in.

In de vroege avond besloten Yotta en Yocto dat ze de zonsondergang wilden gaan bekijken aan de Stille Oceaan. Ze liepen van de herberg eerst naar de haven. Van daaruit liep een modderig kronkelpad door een stukje bos naar een mooie rotspartij aan de zee. Hier gingen ze op de rotsen zitten, wachtend op de zonsondergang. Geen mens te bekennen. Ze zagen wat stoeiende meeuwen. De golven rolden met een rustgevend geruis tegen het strand aan. Ze hadden de Doos meegenomen. De schemering trad in en er ontvouwde zich een kleurenwaaier zoals de tweeling nog nooit eerder had gezien, van donkerpaars tot lichtroze, tegen de achtergrond van een blauwachtig soort wit. Het kleurenpallet veranderde met de minuut. De zon ging onder en de duisternis trad in. Het werd snel pikdonker.

'Ik ben benieuwd naar het buisje met dat radiumhoudende staafje, waar Jean-Claude het over had', zei Yotta. Ze opende de Doos en tilde buisje nummer 88 voorzichtig uit de Doos. 'Schijn jij er maar met een zaklamp op.'

Yocto nam een zaklamp uit zijn rugzakje, knipte het licht aan en scheen een tijdje op buisje nummer 88.

'Groen licht!' riep Yotta. 'Een groen staafje licht!'

'Bouwstenen die licht geven!' riep Yocto.

'Hoe lang zei Jean-Claude ook weer dat het licht van de zon er over doet om de aarde te bereiken?' vroeg Yocto ongeduldig aan zijn zusje.

'Acht minuten, dacht ik dat hij zei', antwoordde Yotta.

Yocto dacht hardop na: 'Acht minuten... en de lichtsnelheid is driehonderdduizend kilometer per seconde... Dan moet de afstand van de aarde tot de zon gelijk zijn aan... acht maal zestig seconden... is 480 seconden... en dat moet ik dan vermenigvuldigen met driehonderdduizend kilometer per seconde... eens kijken... dat levert 3 × 480.. is 1440 maal honderdduizend kilometer... oef... dat is dan 144 miljoen kilometer... Ja, de afstand van de aarde tot de zon moet dan 144 miljoen kilometer zijn.'

'Zelfs al is de zon al onder gegaan', voegde Yotta lachend toe. 'En die gekke Roberto-de-cowboy maar denken dat je minder van de zonsondergang geniet als je die enorme afstand berekent. Wat een onzin!'

HOOFDSTUK 6

De grote botsingsmachine

De tweeling bleef tot middernacht zitten op de rotsen aan de Stille Oceaan. Toen ze naar de herberg terugkeerden, was Roberto nog druk in de weer. Trots demonstreerde Yotta hem het lichtgevende buisje.

'Geef mij maar een lichtgevend vuurvliegje', was Roberto's laconieke commentaar. 'Ik kampeerde eens in het regenwoud. Ik bleef een paar dagen en nachten op dezelfde plaats. Elke avond op hetzelfde tijdstip en op precies dezelfde plek begon een vuurvliegje te gloeien. Ook een groenachtig licht. Elke avond op hetzelfde tijdstip... Dat vuurvliegje moet dus een goed ingebouwd klokje hebben. Dat krijgt jullie buisje niet voor elkaar!'

'Vuurvliegjes, adelaars, walvissen... ze mogen dan vrolijk rondvliegen en rondzwemmen, je kunt niet ontkennen dat ze ook bestaan uit de dood-als-een-pier-bouwstenen van onze Doos', begon Yocto weer. 'Dat is wat Jean-Claude ons wel duidelijk heeft gemaakt.'

'Ik ben in ieder geval blij dat ik jullie de natuur van dit eiland heb kunnen laten zien. Al begrijpen jullie alles van die Doos, dan begrijpen jullie nog niets van de adelaars, de kevers en de walvissen...' Opeens zoemde er een mug voor zijn ogen. In een flits ving Roberto met zijn rechterhand de mug. Hij schoof het raam open en liet de mug weer los in de buitenlucht. '...en van deze mug', zei hij lachend 'Ik ben net zo goed in muggen vangen als in lasso werpen.'

'Morgenmiddag vliegen we al weer verder', zei Yotta teleurgesteld.

'Waar gaat de reis naar toe?' vroeg Roberto.

'Naar Polen', zei Yotta. 'Daar hebben we familie wonen. En daarna naar huis. Zo snel vliegt de tijd.'

'Ho... stop... wacht even!' klonk het plotseling. Jean-Claude was de kamer binnengestormd. 'Jullie spraken toch over promethium?' zei hij tegen de tweeling.

'Ja, hoezo?' vroeg Yotta.

'Nou, ik ben even naar een goede kennis van mij gelopen. Hij weet veel meer dan ik over de elementen. Hij vertelde inderdaad dat alle promethium van de aarde is verdwenen. Maar wetenschappers kunnen het volgens hem wel kunstmatig maken. En hij zei dat ze dat in Genève voor jullie kunnen doen.'

'Fantastisch!' riep Yotta.

'Wat? ...Promethium maken? ...Kan dat echt?' vroeg Yocto vol ongeloof.

'Het schijnt toch echt te kunnen daar', zei Jean-Claude. 'Ze hebben daar een grote botsingsmachine. Jullie moeten naar Genève gaan! Die kennis van mij gaat voor jullie een bezoek regelen.'

'Maar...', begon Yotta bezorgd, 'hoe komen we in Genève? We hebben een ticket naar Polen.'

'Ik regel wel dat jullie eerst naar Genève vliegen, en daarna pas naar Polen', zei Jean-Claude.

'Dat... dat... dat is ongelofelijk', stamelde Yotta.

De volgende middag zwaaiden Roberto en Jean-Claude de tweeling uit op het vliegveld van Vancouver. Voor het eerst tijdens de hele reis moest Yotta haar rugzak helemaal leeghalen bij de bagagecontrole. Een nors kijkende beambte sommeerde haar de Doos, die in de rugzak zat, voor hem open te maken. Met tegenzin opende Yotta de Doos.

'Wat is dit?' bromde de beambte.

'De Doos van licht, lucht en liefde', antwoordde Yotta geïrriteerd.

'Geen grapjes maken!' snauwde de man. 'Ik heb een serieus vak.'

'Ik maak geen grapje', zei Yotta. Maar tegen Yocto fluisterde ze: 'Hij denkt zeker: 'Ik heb een uniform aan, en jullie niet, dus ik heb gelijk'. Mensen met een uniform aan denken altijd dat ze gelijk hebben.'

'En wat zijn dit?' zei de man, terwijl hij enkele buisjes uit de Doos haalde.

'Dat...', zei Yocto, die zijn zusje te hulp wilde schieten. 'Dat zijn de *elementen!*' Hij sprak het laatste woord zo uit dat het klonk als verwijt aan de man. Dat hij dat zelf had moeten zien. 'De bouwstenen van alles', liet Yocto erop volgen. Hij had zich in tijden niet zo nijdig gevoeld. 'Weet u wel dat ook u voor het grootste deel uit waterstof, zuurstof, koolstof en stikstof bestaat?' zei hij, terwijl hij de buisjes met de nummers 1, 6, 7 en 8 uit de Doos griste en ze recht voor de ogen van de beambte hield.

'Geen grapjes maken, zei ik!' blafte de man. 'Ik controleer hier de bagage!...En wat kun je met die buisjes doen?'

'Nou', zei Yocto, 'je kunt er in theorie alles mee maken. Een tafel, een voetbal, een papegaai. Alles bestaat uiteindelijk uit stofjes van deze Doos.'

'Alles?' vroeg de man, 'dus ook een bom?'

'In principe wel', zei Yocto. 'Maar dit is geen Doos om echt dingen mee te maken. Met deze Doos kun je de wereld om je heen een beetje beter begrijpen.'

'Als je er een bom mee kunt maken, dan mag de Doos niet mee in jullie handbagage', snauwde de man.

De tweeling was verbijsterd. 'Maar we hebben de hele wereld rondgereisd en niemand heeft er op een vliegveld ooit een probleem van gemaakt', zei Yotta, half in tranen.

'Dat doet er niet toe', zei de man doodernstig. 'Dan hebben al die anderen het grote gevaar van deze Doos niet ingezien. Maar ik doe mijn werk tenminste goed. Als je er een bom mee kunt maken, is hij gevaarlijk, en mag hij niet mee.'

Yotta barstte in snikken uit. Een vrouwelijke collega van de beambte hoorde Yotta huilen, en schoot naderbij. 'Wat is hier aan de hand?'

'Deze snotneuzen willen een doos meenemen waarmee je een bom kunt maken', zei de man.

De vrouw keek naar de Doos, opende het deksel, en haalde er wat buisjes uit.

'Dit is het periodiek systeem der elementen!' riep ze verontwaardigd tegen haar collega. 'Dit zijn de bouwstenen van de materie. Waterstof, helium, lithium, koolstof, zuurstof, zilver, goud...alle elementen zitten er in. Zo'n doos ga je toch niet gebruiken om een bom van te maken! Ben je nou helemaal van lotje getikt! Wil jij een stel aardige kinderen verbieden om meer van de wereld te begrijpen met deze prachtige Doos?'

Ze stopte de buisjes terug, maakte de Doos dicht en gaf hem terug aan Yotta. Ze sloeg haar arm om het snikkende kind heen, en verontschuldigde zich voor de domheid van haar collega. 'Hier, neem de Doos maar weer mee', fluisterde ze in Yotta's oor. 'Hij is prachtig. Pas er goed op.'

Een half uur na het opstijgen zag de tweeling de lucht buiten pikdonker worden. Ze zagen hoe in de verte de regen in zwarte strepen naar beneden viel.

'Een bliksemflits!' riep Yotta. Ze wilde opspringen, maar had niet aan de veiligheidsgordel gedacht. 'Au!' Ze greep naar haar middel.

'Rustig maar', zei Yocto, terwijl hij Yotta's hand vastgreep.

Het vliegtuig begon te schudden en te rammelen. Yotta's gezicht verbleekte. Ze werd spierwit en kneep keihard in Yocto's hand. Yocto vermande zich. Hij deed zijn best Yotta te kalmeren, maar in zijn achterhoofd dacht hij dat ze zouden neerstorten. Opeens viel het vliegtuig zeker honderd meter naar beneden. Yotta gilde, maar het gegil verbleekte in het algemene gekrijs waarmee het vliegtuig zich vulde. Net zo plotseling als ze vielen, voelde de tweeling ineens weer dat ze vlogen. Het vliegtuig kreeg weer grip op de lucht.

'Dat gebeurt soms', hoorden ze een vrouw achter hen zeggen. 'Zelfs ijle lucht kan gek in elkaar zitten.'

Langer dan vijf minuten had de commotie niet geduurd, maar het leek Yotta een eeuwigheid. Toen ze haar ogen weer durfde te openen, begon de lucht op te klaren. Yocto veegde het zweet van zijn voorhoofd. Stewardessen kwamen een extra drankje rondbrengen, terwijl de piloot zich verontschuldigde voor het slechte weer waar ze plotseling in waren terechtgekomen.

'Wat kan de piloot daar nou aan doen', mokte Yocto. 'Als het weer wil donderen en bliksemen, regenen en stormen, dan doet het dat toch gewoon?'

'Dat zou ik niet zomaar zeggen', klonk het opeens uit de mond van een kale man. Hij zat in de stoel achter Yotta. 'Het weer laat zich wel degelijk sturen. Ik heb net een regenmaker ontworpen.'

'Ik geloof er niets van', zei Yocto. Hij schrok zelf van zijn reactie. 'Ik bedoel: ik geloof er niets van dat u het weer zo kan beïnvloeden dat het vanzelf regen gaat maken...'

'O jazeker. Het kan wel', zei de man vol overtuiging, terwijl hij over zijn kale kop wreef. 'Kijk, ik zal je een tekening van mijn ontwerp laten zien. Ik ben uitvinder.'

Hij haalde een groot, verfrommeld stuk papier uit de jaszak van zijn versleten colbertje. 'Hier zie je een door de wind aangedreven turbine. Hij staat in zee en pompt zeewater tot tien meter omhoog. Op die hoogte verstuift hij het zeewater in fijne druppeltjes en spuit ze de lucht in. Er ontstaat een soort mist die door de wind wordt meegenomen. En die mist moet uitgroeien tot echte wolken.'

'Maar met zo'n gekke mallemolen maak je toch geen wolken?' reageerde Yocto.

'Nee, niet met eentje', antwoordde de man. 'De bedoeling is dat een hele rij van die regenmakers naast elkaar komt te staan, twintig kilometer van de kust vandaan, midden in de zee. Zeewind blaast de vochtig gesproeide lucht richting land. Als de kust bergachtig is, moet de vochtige lucht opstijgen en vormen zich wolken die kunnen uitregenen. Ik bereken nu welke plekken ter wereld zich het beste lenen voor een test met mijn prachtige regenmaker.'

Plotseling begon de buurvrouw van de kale man zich met het gesprek te bemoeien. 'Wat een volstrekt belachelijk idee! Wat arrogant om te denken dat je zoiets ingewikkelds als het weer met een apparaat kunt sturen! Die mallemolens van jou gaan misschien wel heel andere invloeden hebben! Jij hebt niet alle omstandigheden in de hand! Misschien gaat de wind wel veranderen door de regenmakers, of waait de wind ineens uit een andere richting!'

'Wat bent u een pessimist', reageerde de man.

'Ik ben een realist', antwoordde zijn buurvrouw, nu op een rustige toon. Het was dezelfde vrouw die eerder de opmerking over het vallen van het vliegtuig had gemaakt. 'Ik heb zelf dertig jaar gewerkt aan computermodellen die het weer voorspellen. Ik heb in al die tijd al zo vaak idiote plannen om het weer te beïnvloeden voorbij zien komen. De meest fantastische regenmakers. Ja, zelfs het krankzinnige idee om met enorme explosies de koers van tornado's te veranderen. Al die experimenten hebben niets opgeleverd. Het weer is veel te ingewikkeld om zich te laten beïnvloeden door mensen. In de jaren zestig en zeventig experimenteerden mensen al met het strooien van zilverjodide in wolken. Die moesten dan precies op het gewenste moment gaan plenzen...'

Ze trok een smerig gezicht. 'Brandhout! Rotzooi! Niets heeft het opgeleverd! En wat doe je als de regen ergens anders terechtkomt dan je zou willen? De wijnboeren op de ene plek willen geen regen. De aardappelboeren ergens anders willen misschien wel regen. Dan heb je de poppen aan het dansen. Of stel dat Amerika met een grote explosie de koers van een orkaan die richting Florida beweegt wil wijzigen naar Venezuela... dat zullen de Venezolanen niet fijn vinden... Oorlog wordt het dan! ...Jullie mannen denken dat je alles met techniek kunt oplossen!'

Zo ontstond een vinnige discussie tussen de twee achterburen van de tweeling. Geamuseerd luisterden Yotta en Yocto mee. Pas toen een stewardess opnieuw langskwam met wat drankjes, kalmeerden de twee kemphanen langzaam. De kale man en zijn buurvrouw bestelden een glas wijn. Ze klonken de glazen tegen elkaar en dronken het glas allebei in een teug leeg. Yotta en Yocto waren door de hele discussie het incident met het vallende vliegtuig al weer vergeten.

Het vliegtuig vloog inmiddels boven de kust van Groenland. Door het kleine raam keken Yotta en Yocto tien kilometer de diepte in. Hun monden vielen open van verbazing. Hier en daar zagen ze zwarte rotsen boven de sneeuw uit steken. Gletsjers gleden oneindig traag naar de azuurblauwe zee.

'Er liggen allemaal ijsschotsen in zee!' riep Yotta.

'Het lijken wel drijvende piramides. Ik heb wel eens gehoord dat negentig procent van een ijsschots onder water ligt', zei Yocto. 'Hoe groot zijn die ijsschotsen wel niet als we ze al vanaf tien kilometer hoogte kunnen zien?'

De zon tekende bliksemsnel strakke schaduwen van rotspunten en ijsschotsen. Haar rode gelaat weerkaatste in het water. Terwijl de tweeling dit caleidoscopisch stukje werkelijkheid beneden zich bewonderde, kwam een stewardess langs.

'Willen jullie het luikje voor het raam sluiten?'

Verbijsterd keken ze haar aan.

'Waarom?' vroeg Yotta.

'Er draait een film op het grote scherm midden in het vliegtuig. Met al die luikjes open valt er te veel licht binnen. Dan kunnen de andere mensen de film niet goed zien', zei de stewardess met een verontschuldigende stem.

Yotta en Yocto keken om zich heen naar de andere passagiers. Bijna niemand keek naar buiten. Sommigen sliepen, anderen keken inderdaad naar de film die in het midden van het vliegtuig op een scherm werd vertoond.

'Ziet u dan niet hoe prachtig het daar beneden uitziet vanaf deze hoogte?' zei Yotta. 'Een eeuw geleden kon niemand dit nog zien! Wij willen gewoon naar buiten blijven kijken! Voor het eerst zien we Groenland. Voor het eerst zien we ijsschotsen en dan ook nog van een hoogte waarvan de mensen vroeger alleen maar konden dromen!'

Yotta en Yocto lieten het luikje voor het raam gewoon open. Ze wilden per se naar die andere film ver beneden hen kijken. In de sneeuwmassa zochten ze naar sporen van menselijke aanwezigheid, maar vergeefs. Noch de piloot noch de stewardessen gaven informatie over wie of wat hier beneden hen leefde.

Uren later vlogen ze over de Franse Jura en zagen ze Genève al liggen. Achter de stad konden ze zelfs de top van de Mont Blanc tussen de Alpentoppen ontwaren, Europa's hoogste piek.

Op het vliegveld van Genève werd de tweeling verwelkomd door een Arabische man van middelbare leeftijd. Hij stond al klaar met een bordje 'Yotta en Yocto' in zijn handen. Het was een lange slungel. Hij droeg een bril en was netjes gekleed. Op zijn stropdas waren simpele poppetjes getekend, die allemaal met drie balletjes jongleerden. Met een rauwe stem zei hij: 'Welkom. Ik ben Said. Ik heb gehoord dat jullie op zoek zijn naar promethium...'

'Kunnen jullie dat hier echt maken?' vroeg Yotta. '...En kunnen we dat dan in een buisje meenemen?'

'Het kost wat voorbereidingen', zei Said, 'maar we kunnen het hier inderdaad maken. Ik heb al wat mensen opdracht gegeven om voor jullie een buisje met een heel klein beetje promethium te maken. Ondertussen zal ik jullie de grote botsingsmachine laten zien. Maar hebben jullie niet een vermoeiende reis achter de rug?'

'Helemaal niet vermoeiend', antwoordde Yotta. 'Juist spannend en interessant. Hoe kan iets spannends en interessants nou vermoeien? Het is vermoeiender om te niksen en je te vervelen, dan om iets te doen wat boeiend is.'

Ze liepen naar de auto van Said en stapten in.

'Waarom kan die botsingsmachine dan promethium maken?' vroeg

Yocto.

'We hebben een hele grote botsingsmachine en een paar kleintjes', zei Said. 'De grote machine gebruiken we om te bestuderen hoe alle materie in elkaar zit. Met de kleintjes kunnen we allerlei elementen zelf maken. We rijden er nu naar toe. Ik zal het jullie straks allemaal verder uitleggen. Eerst wil ik jullie laten zien waar de botsingen zich allemaal afspelen. Dat is een heel eind onder de grond.'

'Onder de grond?' vroeg Yotta verbaasd.

'Ja, onder de grond', antwoordde Said. 'Vind je dat zo gek?'

'Nou, ik weet niet of ik dat gek vind, maar ik had het in ieder geval niet verwacht', antwoordde Yotta schouderophalend.

'Het is een heel bijzondere machine', antwoordde Said. 'Ik spreek eigenlijk liever van een supermicroscoop.'

'Een supermicroscoop?' zei Yotta met ogen vol ongeloof. 'We hebben thuis wel eens een mier onder een microscoop bekeken. Wat een horrorbeeld! We hebben ons toen ook voorgesteld wat er gebeurt als je naar je eigen hand kijkt met een steeds sterkere microscoop. Dan...'

'Wacht nou maar even tot we beneden zijn', onderbrak Said Yotta. 'Onze supermicroscoop is heel anders en laat ook iets heel anders zien... We zijn er bijna. Kijk daar is de ingang al. Dit is het Europese laboratorium voor onderzoek aan de allerkleinste deeltjes die we kennen. Want dat is wat er hier botst: deeltjes, hele kleine deeltjes. Dit is de plek waar het allemaal gebeurt.'

Ze parkeerden de auto en liepen met Said mee naar de ingang van een lift. Ze stapten in, en terwijl de lift zich in beweging zette, begon Said te vertellen: 'Honderd meter onder de grond ligt een ringvormige tunnel. Hij is vier meter breed en 27 kilometer in omtrek. In die ring hebben we de botsingsmachine gebouwd.'

In veertig seconden bracht de lift het drietal honderd meter onder de grond. Ze stapten uit bij een apparaat zo groot als een huis. Overal liep een wirwar van draden en leidingen. Yotta liep naar het apparaat toe, hield haar hand voorzichtig tegen twee draden en vroeg: 'Maakt het uit als ik deze twee draden met elkaar verwissel?'

Said schrok. 'Niet doen!' riep hij, terwijl hij op Yotta afstormde.

'Dat was ik ook echt niet van plan hoor', lachte Yotta. 'Maar ik ben gewoon benieuwd of het iets uitmaakt.'

'Ja, dat maakt zeker uit', zei Said. 'De mensen in de controlekamer die in de gaten houden wat er in en langs de ring allemaal gebeurt, zullen het zeker merken. Langs de hele ring zijn vier grote detectoren gebouwd. Het kolossale apparaat waar we hier voor staan, is een van die vier. De 27 kilometer lange ring en de vier grote detectoren vormen een enorm experiment. Dat is het gekke: om hele kleine deeltjes te zien, heb je een enorm grote en vooral krachtige botsingsmachine nodig. Er is niemand die alles begrijpt van dit mega-experiment. Wel hebben we mensen die alles van een klein gedeelte van het experiment begrijpen. Met z'n allen bij elkaar, weten we dan toch alles.'

Said liep dichter naar de grote detector toe. 'Ik zei al dat de botsingsmachine eigenlijk een supermicroscoop is', ging hij verder. 'Een

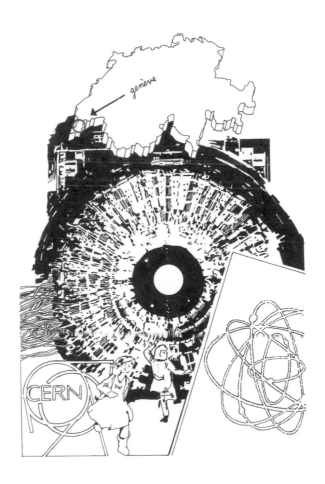

extreem vergrotende microscoop die ons glimpen voortovert van de allerkleinste deeltjes. De botsingsmachine slingert een stroom van deeltjes rechtsom rond in de lange tunnel. Maar dat gaat in een hele precieze, hele smalle bundel. Een bundel andere deeltjes wordt linksom geslingerd. Op bepaalde plekken, precies bij een van de vier detectoren kunnen de deeltjes op elkaar botsen. Dat gebeurt met enorm veel energie. Hoe krachtiger de botsingen, hoe dieper we in de materie kunnen kijken. Hoe kleinere deeltjes we kunnen zien. Tot de aller-allerkleinste deeltjes aan toe.'

'O, u bedoelt deze', zei Yotta, terwijl ze de Doos tevoorschijn haalde en hem liet zien aan Said. Said glimlachte. 'Een prachtige doos, met prachtige buisjes. Alle 92 bouwstenen die in de natuur voorkomen, nou ja, op eentje na dan, want dat promethium moeten we nog voor jullie gaan maken. Die bouwstenen noemen wetenschappers atomen. Zo hebben we waterstofatomen, zuurstofatomen, koolstofatomen enzovoort. Alle atomen van een bepaalde soort zijn exacte kopieën van elkaar. Alle waterstofatomen, alle zwavelatomen, alle atomen van welke soort dan ook verschillen in niets van andere atomen van de eigen soort. Ze zijn niet van elkaar te onderscheiden. En waterstof, zuurstof, koolstof en al die andere stoffen uit jullie buisjes, dat noemen we elementen. Het zijn de elementen, omdat alles eruit bestaat. Maar hoe mooi ook, die atomen van jullie Doos zijn niet de allerkleinste bouwstenen die we kennen.'

'Wat!' riep Yocto verontwaardigd. 'Yotta en ik hebben ons altijd al afgevraagd wat nou de allerkleinste deeltjes zijn. En tijdens onze reis hebben we al van alles gehoord over alle bouwstenen die in deze Doos zitten. We dachten dat dat de kleinste zijn.' Met een boze blik stak Yocto zijn neus in een opening van de grote detector en begon enorm te niezen.

'Jouw eigen stofdetector werkt nog', grapte Yotta, terwijl ze haar paardenstaart op en neer zwiepte. 'Ik heb je lang niet meer zo horen niezen.' Ze draaide zich naar Said toe. 'Ja, mijn broertje is allergisch voor stof. Hij is een heel gevoelige detector.'

'Zelfs de kleinste stofdeeltjes zijn nog tienduizend maal groter dan atomen', zei Said, terwijl hij zich ook naar de detector boog en met zijn vinger een cirkel in het stof tekende. 'De Oude Grieken dachten dat de grondstof van het heelal bestaat uit heel kleine, onsnijdbare deeltjes.

Dat is wat het woord 'atoom' letterlijk in het Grieks betekent: 'onsnijd-baar'. Alleen hadden ze nog geen flauw idee wat een atoom is. Toch dachten ze dat net zoals alle woorden uit een combinatie van een beperkt aantal letters bestaan, ook alle voorwerpen bestaan uit combi-naties van een beperkt aantal bouwstenen. Meer dan tweeduizend jaar later denken we dat nog steeds. Alleen weten we inmiddels zeker dat niet atomen de meest elementaire bouwstenen zijn.'

'Wat dan wel?' vroeg Yocto. 'Nu wil ik het eindelijk toch wel eens weten! Reizen we de hele wereld rond met onze Doos, en dan lijkt de wereld alleen maar ingewikkelder te worden!'

'Ik kan er ook niets aan doen', zei Said. 'Nou ja, niemand kan er iets aan doen. Wij wetenschappers bepalen niet hoe de natuur in elkaar zit. Als wij slimme trucs bedenken om de natuur te bestuderen, dan toont de natuur wel hoe ze in elkaar zit. Bijvoorbeeld dat een atoom altijd bestaat uit een kern en elektronen die in banen om de kern heen bewe-gen. Als je je de kern van een waterstofatoom voorstelt als een tennis-bal, dan zou het elektron zich in een baan met een straal van drie kilo-meter rond de tennisbal bewegen! Het grootste deel van een atoom is dus akelig...', zijn stem sloeg over toen hij dit woord uitsprak, '... ake-lig leeg!'

'Wat is dan het verschil tussen verschillende atomen?' vroeg Yocto gretig verder. Hij trok zijn rechteroor op, en zei: 'Ik dacht dat ik het alle-maal een beetje begreep. Lucht bestaat vooral uit stikstof en zuurstof. Water bestaat uit waterstof en zuurstof. En al het leven bevat de bouw-stenen koolstof, waterstof, stikstof, zuurstof, fosfor en zwavel. Maar u zegt dat je die atomen zelf ook nog eens uit elkaar kunt halen? Nu heb ik het gevoel alsof ik er niets meer van begrijp! Wat hebben we dan aan die Doos van ons?'

Said glimlachte. 'Je begrijpt er al heel wat van, maar steeds duiken er nieuwe vragen op uit alle hoeken en gaten van de natuur.'

'Ik vind het eigenlijk juist heel spannend dat er steeds nieuwe vra gen opduiken. Anders zou het zo saai worden', zei Yotta.

'De kern van een atoom bestaat uit protonen en neutronen', ging Said verder. 'Protonen en elektronen hebben een even grote, maar tegen-gestelde elektrische lading. Het proton is positief, het elektron negatief. Neutronen hebben geen elektrische lading. Het verschil tussen de ver-schillende atomen zit in het aantal protonen, neutronen en elektronen.

Omdat protonen en neutronen veel zwaarder zijn dan elektronen, is de massa van een atoom bijna alleen de massa van de kern. Een atoom als geheel meet maar een honderdmiljoenste van een centimeter. Maar de kern is dus nog eens honderdduizend keer kleiner.'

'Zo klein?' zei Yotta met een piepstemmetje. 'Dan moeten er wel heel veel atomen in al die buisjes van onze Doos zitten.'

'Miljarden maal miljarden maal miljarden atomen in één zo'n buisje', zei Said. 'Maar ja, wat zegt zo'n getal? Je kunt het je toch niet voorstellen.'

'Wat betekenen dan die nummers op de buisjes', vroeg Yocto.

'De nummers 1 tot en met 92 staan voor het aantal protonen in de atoomkern', ging Said verder. 'Een waterstofatoom heeft alleen maar één proton in de kern, vandaar het nummer 1. En rond de kern van een enkel proton cirkelt één eenzaam elektron rond. Het lijkt op een miniatuur planetenstelsel. Zoiets als de aarde die rond de zon cirkelt. Een zuurstofatoom heeft acht protonen en acht neutronen. Het aantal protonen bepaalt het atoomnummer, dus zuurstof heeft het nummer acht. Uranium heeft atoomnummer 92, dus bestaat het uit 92 protonen. Maar het heeft ook nog 146 neutronen. Het aantal protonen is bij een gewoon atoom altijd gelijk aan het aantal elektronen. Het aantal elektronen bepaalt voor een groot deel hoe een atoom zich ten opzichte van andere atomen gedraagt, of ze makkelijk aan elkaar plakken of niet.'

'Dan heeft promethium dus 61 protonen?' vroeg Yocto.

'Precies', zei Said.

'En hoe maken jullie dat nou?' vroeg Yocto verder.

'Dat doen we in een van de kleinere, ronde botsingsmachines', legde Said uit. 'We bombarderen de elementen 59 en 60 met neutronen en heliumkernen. Bij die botsingen ontstaat onder andere promethium, nummer 61. Dat is de botsingstruc. Je kunt atomen in brokstukken uit elkaar schieten. Maar je kunt brokstukken ook weer tot nieuwe atomen laten versmelten.'

'Weet je zeker dat het lukt om promethium voor ons te maken?' vroeg Yotta bezorgd.

'Ja, dat lukt zeker', zei Said. 'Heb nou nog maar even geduld.'

Ze liepen verder rond de detector, die in een grote hal stond. Er waren ook allemaal kamers waar mensen achter computerschermen aan het werk waren. Hier en daar brandden veiligheidslampjes en stonden er waarschuwingsborden. Af en toe rende er een nerveuze medewerker voorbij. 'Ze zoeken al maandenlang naar een nieuw deeltje', zei Said. 'Ze denken dat ze het elk moment kunnen vinden. Daarom lopen sommige mensen hier zo zenuwachtig rond.'

'Hé', riep Yocto, terwijl hij op een beeldscherm wees. 'De lijnen op die tv trekken krom. En de kleuren lijken helemaal uit elkaar gerafeld.'

'Dat komt', antwoordde Said, 'omdat de detector supersterke magneten bevat. Zelfs op een paar meter afstand van de detector heerst nog een magneetveld van meer dan tienduizendmaal het magnetisch veld van de aarde! In een tv bewegen ook allemaal geladen deeltjes. Ze worden afgebogen door het sterke magneetveld. En ze worden versneld door een elektrisch veld. In onze botsingsmachine versnelt een kilometerslange ketting van aaneengeregen stukjes elektrisch veld de elektronen en hun antideeltjes. Ruim drieduizend krachtige magneten buigen deze minuscule bolletjes steeds een stukje naar binnen toe. Zonder bijsturing zouden ze uit de bocht vliegen.'

'Met al die magneten moet een kompasnaald hier wel helemaal op tilt slaan', zei Yotta. 'Op Antarctica hebben we zelf een kompas gebouwd, en toen we midden op de magnetische zuidpool stonden, trok de naald recht naar beneden!'

'Deze detector zou die kompasnaald bijna opslorpen', zei Said, terwijl hij met zijn mond een hapbeweging maakte. 'Op dit moment staat de botsingsmachine aan, daarom mogen we niet naar binnen. Als je door de ring van de botsingsmachine zou rondwandelen, dan word je elke seconde meer dan elfduizend keer ingehaald door de versnelde deeltjes.'

'Hoe snel is dat dan?' vroeg Yocto.

'Met bijna de lichtsnelheid trekken deze flintertjes massa hun banen hier onder de grond. Ze bewegen in een buis van een paar centimeter dik. Als ze een heleboel keren zijn rondgevlogen, botsen ze ergens in een van de detectoren frontaal op andere deeltjes.' Said balde zijn vuisten en stootte ze hard tegen elkaar.

'De botsingsmachine is een soort deeltjestemmer. In een minuscule ruimte komt bij zo'n botsing een enorme hoeveelheid energie vrij. Daarbij ontstaat een hele dierentuin aan kleine deeltjes. Die flintertjes kunnen we alleen maar indirect zien. Dat wil zeggen via ingewikkelde meettechnieken. Dat zien moet je dus niet letterlijk nemen. Je ogen zien niets van die deeltjes. Maar de detector krijgt wel allerlei signalen over die deeltjes. Ze laten sporen na die we kunnen meten. Veel deeltjes leven maar heel kort. Ze lossen in een oogwenk weer op in het niets. Het is een gemaskerd spokenbal waarbij steeds andere gasten verdwijnen, onzichtbaar worden of tevoorschijn komen. Het ontrafelen welke gasten allemaal op het toneel zijn verschenen, wanneer, waar en hoe lang, is een reuzenkarwei.'

Said liep naar een groot demonstratievenster waarin allemaal draden waren gespannen. Hij legde uit hoe je hiermee deeltjes kon detecteren. Maar toen hij zag dat de tweeling wel erg glazig begon te kijken, gaf hij het op. 'Jullie hoeven ook niet alles in één keer te begrijpen', zei hij. 'Maar ik hoop toch dat jullie iets snappen van wat hier onder de grond gebeurt.'

'Jullie slingeren biljartballen keihard tegen elkaar aan en kijken dan in welke stukjes de ballen uiteenspatten', lachte Yotta. 'Zoiets toch... Atomen zijn nog knotsgekker dan walvissen!'

Said kon er wel om lachen. 'Ach, met wat we van die botsingen leren kunnen we geen snellere vliegtuigen bouwen, geen betere computers en we kunnen er helaas geen zieke mensen mee genezen. Maar mensen hebben altijd willen weten hoe de natuur in elkaar zit, gewoon uit nieuwsgierigheid.'

'Walvissen maken zich daar geen zorgen over, denk ik', zei Yotta.

'Nee, en die kunnen ook geen grote botsingsmachine bouwen', vulde Yocto aan.

'De botsingsmachine zelf is een ongelofelijk technisch kunststukje', vervolgde Said. 'De metingen van de botsingsmachine zijn buitengewoon gevoelig. De baan van de maan, de waterstand in het meer van Genève, een langs rijdende trein, ja zelfs flinke regen beïnvloeden de metingen. Ze geven een vederlicht zetje tegen het gesteente waarin de botsingsmachine ligt. De gevoelige meetinstrumenten registreren dat duwtje.'

'En als ik spring dan?' zei Yotta. Ze sprong omhoog en liet haar voeten expres plat op de grond neerkomen. De klap weerkaatste in de holle ruimte. 'Heb ik nu de meting ook veranderd? Misschien hebben jullie nu wel een heel nieuw deeltje gemeten, doordat ik de botsingsmachine een beetje heb laten trillen', lachte ze.

Said schaterde het uit. 'Misschien gaan we je wel in dienst nemen. Om onverwachte dingen te doen. Soms komen daar de prachtigste toevallige ontdekkingen uit.'

'Nu weten we nog steeds niet wat nou de aller-allerkleinste deeltjes zijn', drong Yocto nog eens aan.

'Ook protonen en neutronen bestaan uit nog kleinere deeltjes. Die noemen we quarks', zei Said. Hij trok zijn mond overdreven ver open toen hij het woord 'quark' uitsprak.

'Kwork... kwork... kwork', kwetterde Yotta Said na. Want hij sprak quark uit als 'kwork'. 'Lijkt wel een boze meeuw', liet Yotta er schaterlachend op volgen. 'Maar of je het deeltje nou kwark noemt... of kwork... of kwerk... of kwurk... het maakt allemaal niks uit. Het deeltje verandert er niet door.'

'Protonen en neutronen bestaan elk uit drie quarks', ging Said onverstoorbaar verder. 'Voor zover we weten kunnen we quarks niet splitsen. De oude Grieken dachten nog dat atomen de kleinste deeltjes zijn die er bestaan. Maar ze hadden toen nog totaal geen idee wat de atomen zoals we die nu kennen zijn. We denken nu dat quarks de kleinste deeltjes zijn. Pas eind jaren zestig zijn ze voor het eerst experimenteel aangetoond in een botsingsmachine.'

'Hoe weten we dan dat je quarks niet in stukjes kunt hakken?' vroeg Yocto.

'Dat weten we niet helemaal zeker', antwoordde Said. 'Alleen hebben we tot nu geen aanwijzing gevonden dat dat zo is. Onze supermicroscoop laat sporen van quarks zien. Nog nooit hebben we sporen gezien van quarks die zich ineens splitsen. Maar als we sporen van zo'n splitsing zien, dan moeten we ons beeld van de kleinste bouwstenen weer bijstellen. Zo werkt dat nu eenmaal. Eerst dachten we dat atomen het eindpunt waren, toen protonen en neutronen, en nu quarks...'

'Het lijkt wel op die Russische poppetjes', zei Yotta. 'Kent u die? In elke pop zit weer een kleiner poppetje...'

'Ja, die ken ik wel', zei Said. 'Daar kun je het wel mee vergelijken, ja. Niemand weet of de zoektocht wel kán eindigen. Geen enkel experiment heeft tot nu toe laten zien dat je quarks ook weer uit elkaar kunt peuteren.'

'Mag ik een paar van die quarks van u in een buisje stoppen?' vroeg Yotta. 'Ik heb ze nog niet, en dan kan ik ze aan mijn vader en moeder laten zien.'

'Dat zou ik ook wel willen', zei Said. 'Het probleem is dat je quarks nooit van andere quarks kunt lostrekken. Er zijn deeltjes die uit twee quarks bestaan. En er zijn deeltjes die uit drie quarks bestaan, zoals protonen en neutronen. In beide gevallen zijn er een soort superlijmdeeltjes die de quarks bij elkaar houden. Die lijmdeeltjes zijn zo oersterk dat het nog nooit is gelukt om een enkel quark los te trekken.'

Yotta keek Said teleurgesteld aan. 'Dus ik kan er niet een paar in een buisje stoppen?'

'Nee, dat kan niet', zei Said. 'Maar alle atomen bestaan uit protonen en neutronen in hun kern. En protonen en neutronen bestaan uit quarks. Dus eigenlijk heb je al een heleboel quarks in die buisjes van jullie Doos!'

Ze hadden de hele hal waarin de detector stond inmiddels doorgewandeld. 'Laten we maar weer naar de gewone bovengrondse wereld gaan', zei Said. Via een andere lift gingen ze nu terug naar boven.

'Bestaat er een Theorie van Alles, een theorie die alle verschijnselen in de natuur verklaart?' vroeg Yocto, toen de liftdeur boven weer open schoof.

'Weet je', zei Said. 'Een beroemd natuurkundige zei ooit dat hij niet op zoek was naar de ultieme, alles beschrijvende wetten van de natuurkunde. Hij probeerde alleen meer over de wereld te weten te komen. Als zou blijken dat er een eenvoudige ultieme wet is, die alles verklaart, nou, dan is dat zo. Dat zou een mooie ontdekking zijn. Maar als blijkt dat we naar een ui kijken met miljoenen lagen en we ziek en moe worden van het afpellen van steeds een nieuwe laag, dan is dat ook zo. Als we de wereld onderzoeken, moeten we niet al van tevoren beslissen hoe ze eruit moet zien. Daar ben ik het helemaal mee eens. We onderzoeken de wereld omdat we nieuwsgierig zijn, en dan zien we wel wat eruit komt rollen...Laten we nu maar naar de kantine gaan en even lekker wat gaan eten en drinken.'

'Denk je dat ze al klaar zijn met het maken van promethium voor ons?' vroeg Yotta aan Said.

'Ik denk het wel', zei Said. 'Ik ga eens even bellen.' Hij pakte zijn mobiele telefoon en belde een collega op. 'Er komt zo meteen iemand een buisje met een klein beetje promethium voor jullie brengen.'

'Ik kan niet meer wachten', zei Yotta. 'Vader zal vast heel trots op ons zijn.'

'Eindelijk krijgen we de Doos compleet', zei Yocto. 'Alle elementen bij elkaar... ik kan het niet geloven.'

In de verte zagen ze een vrouw die recht op hen af kwam lopen. Ze had iets in haar handen. Zou dat het buisje zijn? dacht Yotta. Ze rende op de vrouw af. 'Wij dachten dat we nooit meer aan promethium konden komen', zei Yotta, 'maar toen hoorden we dat jullie het hier kunstmatig kunnen maken. Hebt u echt een buisje met promethium voor ons?'

'Ja, we hebben een kleine hoeveelheid promethium voor jullie gemaakt', zei de vrouw, terwijl ze samen in de richting van Yocto en Said liepen. 'Dat hebben we in een likje lichtgevende verf gestopt. In de verf is het promethium gemengd met zinksulfide. Als je er in het donker licht op laat schijnen, zul je zien dat het nagloeit.'

'Dat hebben we precies zo gezien bij een ander element. Hoe heette dat ook alweer', vroeg Yocto aan zijn zusje. 'Dat hebben we op Vancouver Island toch geprobeerd?'

'Ja, dat was volgens mij radium', zei Yotta.

'Inderdaad', zei de vrouw. 'Radium stoppen ze ook vaak in een lichtgevende verf. Nou, met promethium kun je ook zo'n nagloeiend staafje maken, en dat is wat we hebben gedaan. Hier hebben jullie het buisje.'

'We hebben het!' riep Yotta, en ze omarmde haar broertje stevig. 'Ongelofelijk bedankt! Wij moeten morgen al weer weg, maar mogen we nog een keer terug komen? Ik wil wel eens een keer de sporen van een heel nieuw deeltje zien, als jullie er eentje vinden.'

'Jullie zijn natuurlijk van harte welkom', zei Said. 'Waar gaan jullie morgen naar toe?'

'We vliegen door naar Polen', zei Yocto. 'Dat is de laatste bestemming voor we terug naar huis gaan. Maar deze keer gaan we naar familie toe. We hebben een oom, een tante en een nichtje in Polen wonen. Onze oom is sterrenkundige.'

'Dan zou jullie oom het hier ook erg interessant vinden', zei Said. 'Misschien hebben jullie wel eens gehoord dat het heelal is geboren met een oerknal. Net na die enorme explosie ontstond er een soort oersoep van deeltjes. De deeltjes die we maken met deze botsingsmachine, zijn ook deeltjes die ooit in de oersoep net na de oerknal moeten hebben rondgezwommen. Jullie oom zal vast nog veel meer kunnen vertellen over wat er daarna allemaal gebeurde. Vraag hem er maar naar.'

Er kwam een opgewonden man naar Said toe. Z'n overhemd was doordrenkt van zweetvlekken. Nerveus bewoog hij zijn armen. Hij hupte een beetje op en neer. 'We hebben geen nieuw deeltje gevonden, Said. Helaas.'

'Na vandaag gaat de botsingsmachine voor een paar jaar dicht', zei Said tegen de tweeling. 'Jullie hadden geluk. Dit was voorlopig de laatste dag dat de machine deeltjes rondslingerde. Maar wij hebben geen geluk. We hadden gehoopt nog sporen van een nieuw deeltje te vinden. Dat blijkt dus niet het geval te zijn.'

Yocto zag de sippe gezichten van Said en zijn collega. 'Waarom kijken jullie zo treurig? Als experimenten laten zien hoe de wereld in elkaar zit, dan moeten jullie toch ook blij zijn nu jullie weten dat de botsingsmachine nog geen nieuw deeltje heeft gemaakt? De natuur is toch zoals-ie is?' Hij keek Said doordringend, ja bijna verwijtend aan en zei: 'Dat hebt u toch zelf net gezegd?'

HOOFDSTUK 7

Een moment van onoplettendheid

I n afwachting van hun vlucht naar Polen, ging de tweeling even
wat drinken in een café-restaurant op het vliegveld van Genève.
Het was er druk, maar ze konden nog net één vrij tafeltje vinden,
met uitzicht op de startbanen. Yocto nam de Doos tevoorschijn,
legde hem op tafel en opende het deksel. Samen met zijn zusje keek hij
bewonderend naar de buisjes. Vanaf het tafeltje naast de tweeling staarde
een nors kijkende priester uit zijn ooghoeken naar de Doos.

'Eindelijk hebben we de elementenverzameling van vader compleet',
zei Yocto. 'Die hele reis heeft me zoveel geleerd over hoe ik de dingen
om me heen kan begrijpen.'

'En ik ben blij dat ik zoveel van de wereld heb kunnen zien en dat
ik zoveel verschillende mensen heb kunnen ontmoeten', zei Yotta. Ze
haalde haar lege vioolkoffer tevoorschijn en legde hem naast de Doos.
'Ik heb zo'n zin om straks, als we thuis zijn, weer viool te gaan spelen. Dan ga ik extra mijn best doen om een heel mooi stuk voor vader
te spelen. Misschien kan ik zelf een stuk verzinnen dat geïnspireerd is
op onze reis.'

'Op nummer 61!' zei Yocto. 'Een muziekstuk op nummer 61... Hoe
zou dat moeten klinken?'

'Nee, een muziekstuk voor vader!' reageerde Yotta bits. 'Hij is ziek.
Het is mooi dat we de Doos compleet hebben, maar vader is nog steeds
ziek.'

'Maar hij zei toch dat we hem een groot plezier doen door te gaan
zoeken naar het ontbrekende element', zei Yocto. 'Hij zei dat we hem
met zijn gezondheid niet kunnen helpen, maar wel met de Doos.'

'Dat weet ik wel', zei Yotta, 'maar ik wil hem zo graag helpen.'

'Hij zei dat de kans op genezing klein is', zei Yocto, 'minder dan één op tien. Dat is weinig.'

'Niet zo pessimistisch!' zei Yotta tegen haar broer, terwijl ze het buisje met nummer 61 uit de Doos haalde. 'Op Antarctica dachten we nog dat we nooit aan promethium zouden kunnen komen. En nu hebben we het toch gevonden! Zie je wel, alles kan.'

'Nou', bromde Yocto, 'niet alles kan.' Hij pakte het buisje op en hield het met gestrekte arm vast, boven de grond. 'Als ik het laat vallen, valt het omlaag, en niet omhoog. Dus niet alles kan.'

'Pas nou op met dat buisje!' zei Yotta met ingehouden boosheid. Ze pakte nummer 61 uit Yocto's handen en stopte het terug in de Doos. Ze sloot het deksel en stopte de Doos in Yocto's rugzak.

Opeens hoorden ze de priester aan de tafel naast hen zeggen: 'Materie is niets, geest is alles.' Toen hij dat had gezegd, stond hij op en liep weg. De tweeling was erg schrokken en ze keken de priester stomverbaasd na.

'Vreemde blik had die man in zijn ogen', zei Yotta. 'Gelukkig gaat hij al weg.'

Terwijl Yotta en Yocto naar het opstijgen van andere vliegtuigen gingen kijken, sloegen ze geen acht meer op de Doos. De priester was inmiddels weer teruggekeerd aan zijn tafeltje en hij hield de tweeling nauwlettend in de gaten. Toen hij zag dat de tweeling volledig opging in het kijken naar de vliegtuigen, schoof hij heel stilletjes naar hun tafel. Hij zag dat Yocto's rugzak openstond, stak zijn arm erin en haalde de Doos er met een geruisloze, vloeiende beweging uit. Even stil als hij genaderd was, sloop hij ook weer weg. Met de Doos onder zijn arm wandelde hij het café-restaurant uit.

Per ongeluk stootte hij de Doos echter tegen de deur. Dat was het geluid dat Yotta deed opschrikken.

'Hij gaat er met onze Doos vandoor!' gilde ze.

Yocto keek om en zag hoe de priester het op een lopen zette. Yotta en hij sprongen op en renden naar buiten. Maar in alle drukte was de priester in geen velden of wegen meer te bekennen.

'Wat moeten we nu?' riep Yocto radeloos. 'Ons vliegtuig vertrekt over drie kwartier... Twee minuten geleden hadden we een Doos met alle elementen van de hele aarde, en nu hebben we helemaal niets meer! ... niets... noppes...'

'Hoe moeten we ooit aan vader vertellen dat we eerst zijn Doos compleet hebben gemaakt en dat hij daarna is gestolen...' snikte Yotta, volledig in tranen. 'Dertig jaar van zijn verzamelwerk... gestolen door een krankzinnige priester!'

Met rooddoorbloede, betraande ogen liepen Yotta en Yocto naar de vertrekpoort toe van hun vliegtuig naar Polen. Daar vertelden ze enkele mensen van het vliegveldpersoneel van de diefstal. Ze werden getroost en ze kregen te horen dat de luchthavenpolitie meteen opdracht kreeg op zoek te gaan naar de gestolen Doos en naar de dader. Helaas keren gestolen spullen hier zelden terug, had een medewerker hen gewaarschuwd.

Yotta en Yocto lieten hun persoonlijke gegevens achter en toen zat er niets anders op dan zonder Doos de reis voort te zetten naar hun familie in Polen.

Toen het vliegtuig opsteeg, hield Yotta haar vioolkoffer dicht tegen zich aangeklemd. Yocto staarde wezenloos voor zich uit. Een kwartier lang zeiden ze helemaal niets tegen elkaar. Toen begon Yotta voorzichtig op haar vioolkoffertje te trommelen.

'Mijn koffertje is leeg', begon ze tegen Yocto, 'en toch geeft het me het gevoel dat mijn viool dicht bij me is. Als ik er aan denk dat ik straks weer muziek kan gaan spelen, word ik al weer blijer. We hebben al die buisjes dan wel niet meer, maar die reis nemen ze ons niet meer af. De mensen die we zijn tegengekomen ook niet...'

'En alles wat we te weten zijn gekomen over de aarde, over de elementen, over het leven... al die dingen kan die krankzinnige priester niet van ons stelen', zei Yocto strijdvaardig. Hij voelde zich weer wat opgebeurd door Yotta en hij zei: 'Alles wat echt belangrijk is, zit in onze hoofden.'

HOOFDSTUK 8
De hele wereld zit in een glaasje melk

In de late ochtend van de volgende dag kwam de tweeling in Polen aan. Op het vliegveld van Warschau werden ze opgehaald door oom Jan en hun nichtje Iza. Iza vloog Yotta en Yocto het eerste om de nek. Daarna omhelsde oom Jan de tweeling stevig. Hij schudde ze zo op en neer dat Yotta begon te roepen: 'Hé, oom Jan! U hoeft geen aardbeving na te doen! Die hebben we op IJsland al gehad!'

'We zijn blij jullie weer eens te zien', zei Iza. 'Het is al weer zo lang geleden dat jullie voor het laatst hier waren. Ik heb jullie gemist.'

'Toen waren we nog kleine kinderen', zei Yocto. 'Maar ik kan het me wel nog goed herinneren. Dat was de eerste keer dat ik de maan door een telescoop heb gezien.'

'Ik was even bang dat ik je niet meer zou herkennen, Iza', zei Yotta.

'Iza is net zo veel ouder geworden in die tijd als jullie', grapte oom Jan.

'Maar zij is veel meer gegroeid', zei Yotta. 'Je bent nu toch achttien, Iza?'

'Nog steeds zes jaar ouder dan jullie', zei Iza. 'Ik ga na de zomer sterrenkunde studeren, net als mijn vader heeft gedaan. Ik heb al een kamer in Krakau gevonden. Daar ga ik studeren. Jullie moeten zeker eens op bezoek komen…Kom, we moeten nog een paar uur rijden tot we thuis zijn.'

Met de auto reden ze in drie uur naar het huis van de familie Kopernik, in Noordoost-Polen. Ze hadden onderweg zoveel te vertellen dat de tijd omvloog. Thuis wachtte tante Ola met een grote ketel soep, een reuzenpot aardappelen en een pan vlees. De kruidige geur van het vlees had de hele woonkamer gevuld. Nauwelijks had de tweeling ook hun tante omhelsd, of tante Ola zette het eten al op tafel.

'Alvast een voorproefje voor vanavond', zei tante Ola. 'We zijn vanavond uitgenodigd door onze vrienden voor een barbecue aan de rand van een heel mooi meer.'

'We eten nu toch al warm?' merkte Yotta verbaasd op.

'Je kunt niet vaak genoeg warm eten op een dag', zei oom Jan. 'Jullie moeten nog groeien, en jullie hebben een lange reis achter de rug.'

Onder het eten vertelden ze breeduit over wat ze de afgelopen zes jaar allemaal hadden beleefd. Iza vertelde over haar middelbare schooltijd, en over haar wandelingen in de Poolse bergen, haar favoriete hobby. En ze liet foto's zien die ze zelf had gemaakt door een telescoop. Foto's van de Zon, de Maan, van Venus en van Mars. Ze had ook een foto gemaakt waarop de sterren witte cirkelbanen trokken tegen de duistere achtergrond van de hemel.

'Hoe heb je dat voor elkaar gekregen?' vroeg Yotta.

'Dat doe je door de sluiter van het fototoestel bijna de hele nacht open te laten staan. Eerst monteer je een fototoestel aan de telescoop. Dan neem je niet een momentopname, maar fotografeer je eigenlijk het beeld van de hele nacht. Een foto met een sluitertijd van zes uur of zo. En omdat de aarde rond zijn as draait, zie je dan de sterren in cirkelbanen bewegen. De sterren staan zo ver weg van de aarde dat ze binnen een paar uur zelf niet van plek veranderen, Maar omdat de aarde draait, ziet het er op de foto uit alsof de sterren in cirkels bewegen. Mooi hè?'

'Prachtig', zei Yotta.

'Wisten jullie trouwens dat de sterrenkunde de oudste wetenschap is die er bestaat?' zei oom Jan. 'Duizenden jaren geleden gebruikten de mensen de bewegingen van de Zon, de Maan en de sterren om de tijd te bepalen en als kalender. Ze hadden toen geen horloges of klokken.'

De tweeling vertelde vooral over hun reis met de Doos en over hoe de Doos was gestolen door een krankzinnige priester, net nadat ze het enige ontbrekende element hadden gevonden.

'Ik wist wel dat hij aan het verzamelen van alle elementen bezig was', zei oom Jan. 'Maar ik wist niet dat hij er nog maar één miste. Als je goed tot je laat doordringen wat er in die Doos zit, dan begrijp je al veel van de wereld om ons heen', zei oom Jan. 'Dat is het bijzondere.'

Tante Ola kwam met een fluitketel kokendheet water aanzetten. Yocto keek er naar en zei: 'Hoe verdampt water dan?'

'Als water verdampt', legde oom Jan uit, 'dan veranderen de bouw-stenen van het water zelf niet. Een waterbouwsteen blijft bestaan uit twee waterstofatomen en een zuurstofatoom. Een watermolecuul noe-men we dat ook wel. Atomen kunnen aan elkaar gaan plakken en mole-culen vormen. In vloeibaar water zitten de watermoleculen veel dich-ter bij elkaar dan in waterdamp. Ze plakken in de vloeistof een beetje aan elkaar. Maar als ze verdampen en de vloeistof gasvormig wordt, dan bewegen de watermoleculen hotsenklotsend door elkaar heen. Dat ver-dampen van water kun je begrijpen als je weet dat alles bestaat uit ato-men en moleculen.'

'Atomen die aan elkaar gaan zitten, heten dus moleculen', zei Yocto, terwijl hij diep nadacht. Hij was een poosje stil en zei toen: 'Op IJsland zagen we vaak ergens H_2 geschreven. Als ik het goed begrijp heet één deeltje waterstof een waterstofatoom en heet H_2 dan een waterstof-molecuul?'

'Precies', zei oom Jan. 'Zo zit het. Atomen kunnen samen molecu-len vormen. Alleen passen niet alle atomen bij elkaar.'

'Dat is bij mensen net zo', liet Yotta er razendsnel op volgen. 'Niet alle mensen passen bij elkaar.'

'Voor we naar Polen toe kwamen, waren we bij een grote botsings-machine in Genève', ging Yocto, nog steeds wat in gedachten verzon-ken, verder. 'Daar hoorden we dat quarks de kleinste bouwstenen zijn. Wat hebben quarks dan te maken met water?'

'Om het gedrag van water te begrijpen hoef je eigenlijk alleen maar iets van atomen en moleculen te weten', antwoordde oom Jan. 'Quarks doen er dan niet toe. Voor het alledaagse gedrag van alle materie om ons heen kun je quarks vergeten. Maar de sterrenkunde kan eigenlijk niet om quarks heen.'

'O ja', begon Yocto, 'in Genève zei meneer Said dat we maar aan u moesten vragen wat er allemaal gebeurde met die quarks die na de oer-knal ontstonden.'

'Die oerknal gebeurde bijna veertien miljard jaar geleden', zei oom Jan. 'Met de oerknal werd de ruimte zelf geboren. Ook de tijd ontstond, en de allereerste materie.'

'Daar snap ik niets van', zei Yotta. 'Ik begrijp echt niet wat het bete-kent dat er ineens ruimte ontstaat terwijl er daarvoor geen ruimte was...'

'En hoe krijg je ineens tijd?' vroeg Yocto. 'Is de tijd er niet altijd geweest?'

'Niemand kan zich echt voorstellen wat het betekent dat de ruimte ontstond en dat de tijd werd geboren', legde oom Jan uit. 'En omdat niemand het echt kan uitleggen, begrijpen we het ook niet echt. Toch blijkt uit alle waarnemingen die we in de sterrenkunde hebben gedaan, dat het beeld van de oerknal het beste beeld is dat we op dit moment hebben. Bij de eerste materie ontstonden quarks, elektronen en nog wat andere fundamentele deeltjes. Dat soort deeltjes maken ze in Genève met hun grote botsingsmachine. Uit de quarks ontstonden daarna neutronen en protonen. Pas vierhonderdduizend jaar na de oerknal verschenen de eerste gewone atomen. Langzaamaan zijn die deeltjes aan elkaar gaan plakken en hebben ze bouwstenen gevormd zoals die in jullie Doos zaten. Waterstofatomen en heliumatomen werden het allereerste gemaakt, omdat dat de simpelste bouwstenen zijn. Materie klonterde samen in grote wolken en uit die wolken werden sterren geboren en later ook planeten. Het heelal werd groter en groter, net als een ballon die je opblaast. En dat groeien gaat nog steeds door. Ook nu, op dit moment, groeit het heelal nog steeds, naar alle kanten toe.'

'Daar voel ik dan helemaal niets van', zei Yotta.

'Dat je zelf groeit, voel je ook niet', zei Iza lachend.

'In de sterrenkunde raakt de wereld van het allerkleinste aan de wereld van het allergrootste', zei oom Jan. 'Daarom is het heelal ook een proeftuin voor wetenschappers die de allerkleinste deeltjes onderzoeken. Dat zijn toch ook de kleinste bouwstenen van planeten en sterren.'

'Kunnen we zelf niet een oerknal maken met de bouwstenen die in onze Doos zaten?' vroeg Yotta. 'Zelf een klein heelal laten ontstaan?'

Oom Jan sloeg met zijn vuist op tafel van vreugde. De borden rammelden op de tafel. 'Ja, dat zou nog eens wat zijn! Je eigen oerknal maken. Maar zo makkelijk gaat dat niet. Want er is niemand die weet hoe de oerknal precies is gebeurd en waarom. Dat is een groot mysterie.'

'Ik heb een idee', zei Iza opgewonden. 'We kunnen geen oerknal maken, maar wel een aardse knal. Vanavond, na de barbecue, kunnen we een kleine raket de lucht in schieten. Gewoon een zelfgemaakte

vuurpijl. Een miniraket. De raketbrandstof kunnen we zelf maken.' Ze stond al op om aan de slag te gaan. 'We gaan buskruit maken!'

'Ben wel heel voorzichtig', zei oom Jan, terwijl hij zijn zware wenkbrauwen optrok.

'Natuurlijk pap!' zei Iza. 'Ik heb toch al vaker buskruit met jou gemaakt? Nu weet ik wel hoe het moet. Voor honderd gram buskruit hebben we 75 gram salpeter nodig, 15 gram koolstof... daar gebruikten we altijd houtskool voor... en ook nog 10 gram zwavel.'

'Wat is salpeter?' vroeg Yocto.

'Salpeter is een molecuul dat bestaat uit kalium-, stikstof- en zuurstofatomen', zei oom Jan. 'Ik denk dat we salpeter, houtskool en zwavel nog wel op zolder hebben liggen.'

Iza stond van tafel op en ging naar de zolder om alvast de ingrediënten van het buskruit te halen. Na tien minuten keerde ze terug met drie potjes met poeders.

'Zo, hiermee kunnen we buskruit maken. Kom op', zei ze tegen de tweeling, 'we gaan raketbrandstof maken.'

'Doe het maar in de keuken', zei tante Ola, die nooit problemen had met proefjes doen in de keuken.

Iza ging de tweeling voor naar de keuken. Ze nam een paar eetlepels salpeter, een paar theelepeltjes houtskool en een paar mespuntjes zwavel. Ze voegde een klein beetje water toe, om te voorkomen dat het mengsel per ongeluk in de keuken al zou ontbranden. 'Goed mengen', zei ze tegen Yotta, en gaf haar een lepeltje. Er ontstond een zwarte smurrie. 'Dit laten we drogen. Het zwarte poeder dat straks overblijft, is het buskruit. Wat we nu hebben gedaan is het eeuwenoude recept voor buskruit. De Chinezen gebruikten het tweeduizend jaar geleden al.' Van een vel karton maakte Iza nu een langwerpig, smal kokertje. 'Hier stoppen we het buskruit in.' Ze maakte het kokertje aan de boven- en onderkant dicht. 'Er moet wel een gaatje in de bodem.'

'Waarom?' vroeg Yocto.

'Als het buskruit gaat branden, ontstaat er heel veel gas. Als we geen gaatje maken, dan ontploft het kokertje. Dan heb je een rotje. Maar als we een raket willen, moeten we een gaatje prikken. Door het gaatje ontsnapt het gas naar buiten. Daardoor wordt de raket gelanceerd. Aan de koker binden we een stokje. Dat is het roer. En we maken er een lontje aan vast waarmee we het buskruit kunnen aansteken. Klaar is Kees. Dan hebben we een heuse miniraket.'

'Wauw!' zei Yocto. 'Dan gaan we vanavond kijken of-ie ook echt de lucht in schiet als een raket. Benieuwd hoe hoog-ie komt.'

'We gaan het heelal veroveren!' zei Yotta.

Toen het al donker was geworden, reden ze met z'n allen naar een van de vele meren in de omgeving toe. Hier woonden de vrienden van de familie Kopernik. Ze parkeerden de auto en liepen door de grote tuin naar het meer. Aan het water stond een houten saunahuisje. Daarnaast stonden de spullen voor de barbecue al klaar. Vlees, brood, salade en allerlei drankjes stonden op tafel. Dichtbij het meer knetterde een houtvuur. Ze schepten allemaal wat eten op een bord, namen wat te drinken en zochten een goede plaats uit.

'Laten we hier gaan zitten', zei Iza, terwijl ze op een paar boomstronken wees die rondom het vuur stonden. 'Kunnen we ons een beetje warmen aan het vuur. Want met zo'n heldere nacht wordt het extra koud.' Af en toe katapulteerden de vlammen gloeiend hete verkoolseltjes. Yocto had pech. Hij hield er een paar bruin omrande gaatjes in zijn trui aan over. Yotta gooide wat stokjes in het vuur en keek nieuwsgierig naar wat er gebeurde. De hemel was onbewolkt. Het gitzwarte nachtelijke niets was bezaaid met ontelbare sterren. Het was muisstil. Yocto staarde omhoog. Al snel deden de anderen hetzelfde. Ze tuurden de hele hemel af.

Yocto wees op de dunne, melkwitte sluier die zich over de hemel boog. 'Dit...dit...dit is werkelijk voor de eerste keer...de allereerste keer...dat ik dit zie', stamelde hij. Er ging een rilling door hem heen. 'Ik weet gewoon niet wat ik moet zeggen...' Hij zag dat ook door Yotta een siddering heen trok. Ze staarde met open mond naar boven en greep de hand van haar broertje. 'Ik vind het prachtig...en akelig tegelijkertijd...'

'Ik ben blij dat jullie het zo mooi vinden', zei oom Jan. 'Dat is de Melkweg. De Aarde, de Zon en al haar planeten zijn een klein onderdeeltje van die gigantische Melkweg.'

'Maar hoe kan het dan dat we die Melkweg zien?' vroeg Yocto.

'De vorm van de Melkweg lijkt op een soort pannenkoek, die in het midden is gevuld met kersen', begon oom Jan te vertellen. 'Zo lijkt het tenminste. De Melkweg is eigenlijk een spiraalvormige opeenhoping van tweehonderdmiljard sterren. En in het midden zit een dikke sterrenbult. Wij kijken er van binnenuit tegenaan. Als je van bovenaf naar de melkweg zou kijken, ziet hij eruit als een soort draaikolk met spiraalarmen. En alle sterren die in de Melkweg zitten, draaien ook echt rond het middelpunt van de Melkweg. De Melkweg is zo groot dat het licht van een ster aan de ene kant van de Melkweg er honderdduizend jaar over doet om naar de andere kant van de melkweg te reizen. En dan moet je bedenken dat het licht een snelheid heeft van...'

'Driehonderdduizend kilometer per seconde', vulde Yocto bliksemsnel aan.

'Precies', zei oom Jan. 'Niks kan sneller dan het licht reizen.'

'Onze zon en alle planeten die daar omheen draaien, liggen op tweederde afstand van de bult, in een spiraalarm', zei Iza, die blij was dat ze de tweeling ook wat over de sterren kon vertellen.

'Hou op! Ik word er echt heel bang van!' zei Yotta.

'De witte sluier die we nu zien', ging Iza verder, 'is de zijkant van de sterrenpannenkoek waar we tegenaan kijken.'

'Waarom hebben wij die dan nog nooit eerder gezien?' vroeg Yocto.

'Dat komt door de lichtvervuiling', zei Iza.

'Lichtvervuiling?' zei Yocto stomverbaasd. 'Daar heb ik nog nooit van gehoord.'

'Ja, lichtvervuiling', zei Iza. 'Zo heet dat. Te veel licht vervuilt het kijken naar de sterrenhemel. Je kunt de Melkweg alleen maar zien als het echt heel donker is. En bij jullie thuis wordt het nooit meer helemaal donker. Dat komt door al het kunstlicht. Steden, dorpen, snelwegen, fabrieken. Overal gebruiken jullie kunstlicht. Samen produceren ze zoveel licht dat het nooit meer echt donker wordt. Dan kun je de Melkweg gewoon niet meer zien. In een groot deel van West-Europa is de hemel altijd net zo licht alsof het halve maan is, maar dan van kunstlicht. Boven elke stad hangt altijd een soort oranje gloed, die al te sterk is om sommige sterren nog goed te kunnen zien. Hier in het oosten van Polen wonen weinig mensen en staan geen fabrieken. Dus is er ook heel weinig kunstlicht en geen lichtvervuiling.'

'Vreemd woord, vind ik dat: lichtvervuiling', zei Yocto. 'Het gaat toch eigenlijk om duisternis die vervuild is dóór licht! Mensen weten niet wat ze missen door al die lichtvervuiling!'

'Ik vraag me af of planten en dieren bij ons niet gek worden van lichtvervuiling', zei Yotta.

'Ik voel me zo rustig door deze echte duisternis', zei Yocto.

'Donkerder dan hier kan de hemel niet zijn', zei Iza.

'Zal er ergens in die duisternis...ik bedoel ergens heel ver weg in het heelal...een andere tweeling leven?' vroeg Yotta. 'Misschien zitten die dan ook aan een meer, en kijken ze onze kant op, en vragen ze zich ook af of er ergens anders nog mensen leven.' Ze moest er zelf vreselijk om lachen.

'Pappa zoekt al heel lang naar sporen van leven elders in het heelal', zei Iza, terwijl ze haar vader aankeek. 'Dat is zijn werk als astronoom.'

'Niemand weet zeker of er ergens anders in het heelal leven is', vertelde oom Jan, op een toon alsof hij een spannende moordzaak uit de doeken ging doen. 'Maar de kans is wel groot. We weten dat de belangrijkste bouwstenen van leven overal in het heelal voorkomen. Koolstof, waterstof, stikstof, zuurstof, fosfor en zwavel komen veel voor.'

'Ja', knikte Yocto instemmend, 'Al het leven op aarde bevat deze bouwstenen. Dat hebben we op Vancouver Island geleerd.'

'Probleem is dat het vaak in het heelal ergens veel te koud of veel te warm is', vervolgde oom Jan. 'Of de straling is er dodelijk. Zonder ozonlaag zou de straling het leven op aarde ook kapot maken. Leven kan alleen maar ontstaan als ook de omstandigheden gunstig genoeg zijn. Omdat het heelal zo onvoorstelbaar groot is, kunnen we daar moeilijk achter komen.'

'Welke bouwstenen komen nou het meeste in het heelal voor?' vroeg Yocto aan zijn oom. 'Als je de aantallen atomen in het heelal zou tellen, en ze zou sorteren op soort, dan komt waterstof komt het meeste voor, en daarna helium. Dat zijn precies de nummers 1 en 2 uit de Doos. Daarna komen koolstof, stikstof en zuurstof.'

'Maar je kunt toch niet atomen in het hele heelal gaan tellen?' zei Yocto verontwaardigd.

'Je kunt natuurlijk niet even naar een ster toegaan, en één voor één gaan tellen hoeveel atomen van welke soort er in de ster zitten', zei oom Jan. 'Een ster is te ver weg en te heet. Gelukkig zenden sterren licht uit en kunnen we ze met goede telescopen bestuderen. Een beetje van het licht dat een ster verlaat, wordt opgenomen door de buitenste lagen van de ster. Het meeste licht gaat gewoon door, maar sommige kleuren licht niet. In plaats van dat je dan een hele regenboog aan kleuren ziet, zie je een regenboog met af en toe zwarte lijntjes erin. Licht van die kleur heeft de ster niet kunnen verlaten. Omdat we weten welke stoffen licht van een bepaalde kleur opnemen, weten we dan ook iets over de samenstelling van die ster. Op deze manier heeft een sterrenkundige in de negentiende eeuw het element helium ontdekt. Hij bestudeerde licht dat van de zon komt, ontdekte een zwart lijntje, en vond uit dat dat werd veroorzaakt door een nieuw element. Dat noemde hij helium. Het licht dat van de zon komt, vertelt dus iets over de zon zelf!'

'Ik begrijp niet helemaal hoe het werkt, maar het klinkt als een hele slimme truc', zei Yocto. 'Op Vancouver Island hebben we het ook al over licht gehad. Licht is best iets moeilijks, vind ik. Wit licht bestaat eigenlijk uit de kleuren van de regenboog, zoveel weet ik wel.'

'Die kleuren kun je makkelijk ontrafelen uit het zonlicht', zei Iza. 'Bijvoorbeeld met water. Je neemt een bakje water, een spiegel en een wit stuk karton. Als de zon schijnt, schuif je de spiegel onder een bepaalde hoek het water in. Een deel van de spiegel ligt onder water en een deel ligt erboven. Het witte zonlicht wordt gebroken door het water, weerkaatst tegen de spiegel, en valt op het stuk karton, dat is het idee. Om de proef te laten lukken, moet je een beetje spelen met de hoek van de spiegel en de hoek waaronder je het stuk karton houdt. Maar als je het goed doet, zie je een prachtige regenboog op het stuk karton. Dan verlopen de kleuren van rood, oranje, geel naar groen, blauw en violet.'

'Maar niet alle licht kunnen we met onze ogen zien', ging oom Jan verder. 'Sterren stralen ook licht uit dat onze ogen niet zien, maar speciale telescopen wel. Ook daarmee leren we over de sterren. En uiteindelijk kunnen we dan een schatting maken hoeveel atomen van welke soort er in het heelal voorkomen.'

'Wat ik moeilijk vind', zei Yocto, 'is hoe licht kan ontstaan uit atomen.'

'Hebben jullie wel eens gehoord dat een atoom eruitziet als een kern met elektronen die in grote banen daaromheen bewegen?' vroeg oom Jan.

'Dat hebben ze ons in Genève verteld', zei Yocto.

'Er zijn verschillende banen waarin die elektronen kunnen rondcirkelen. Soms kunnen elektronen van een buitenste naar een binnenste baan wippen. Telkens als er een elektron naar een binnenbaan glipt, ontstaat er één lichtdeeltje. Ik geef toe, het is allemaal moeilijk voor te stellen, maar toch zit het zo. Zo ontstaat licht uit atomen.'

'Neem nou zonlicht', vulde Iza haar vader aan. 'Zonlicht ontstaat aan de buitenkant van de zon. Het oppervlak heeft daar een temperatuur van 5800 graden Celsius. Atomen trillen hier bij een hoge temperatuur en zenden daarbij licht uit.'

'Zoiets vertelde Jean-Claude ook', zei Yocto. 'Als je bijvoorbeeld ijzer heel heet maakt, gaat het eerst rood licht geven, en daarna wit licht.'

'Precies', zei Iza. 'Maar nu genoeg over licht. Wil je meegaan naar de sauna?' vroeg ze aan Yotta. 'Eerst lekker zweten in de sauna, en dan een duik in het meer. Ga je mee?'

110

'Tuurlijk', zei Yotta. 'Kun jij intussen de sterren tellen en sterren-beelden opsporen', zei ze tegen Yocto.

'Nee, ik ga alvast een goede lanceerplaats aanleggen voor onze raket', zei Yocto.

Een kwartier later trippelden Iza en Yotta in badpak uit het saunahuis-je, waar ze zojuist uitgezweet waren. Ze liepen rechtstreeks het water in. Er klonk een schel gegil. Ze lieten hun nog stomende lichamen in het koude water plonzen. Na niet meer dan tien seconden druppel-den ze er weer uit. Ze holden terug naar de sauna om zich aan te kle-den. Toen Iza en Yotta weer aangekleed waren, gingen ze samen met Yocto zitten aan de rand van het meer. Oom Jan kwam voor alledrie een glaasje melk brengen.

'De hele wereld zit in een glaasje melk', zei hij. 'Met een beetje ver-beelding tenminste...' Hij nipte zelf een beetje van zijn eigen glas melk en zei toen: 'Kijk. Hier heb je het glas. Wat is glas? Glas komt uit de bouwstenen van de aarde. Glas wordt gemaakt uit kwarts, een verbin-ding van silicium en zuurstof. En dat kwarts wordt gewonnen uit zand.'

Hij schepte met zijn hand een hoopje zand van de grond. 'Zand komt uit de aarde en de aarde is een planeet gevormd uit sterrenstof.' Hij keek naar de sterrenhemel. 'En dan de melk', ging hij verder. 'Melk komt meestal van een koe. Soms van een geit of een schaap. In ieder geval van een levend dier. En dat dier is een product van een lange evolutie van het leven op aarde. De melk zelf bestaat uit vetdruppeltjes die in water ronddrijven. Water is essentieel voor alle leven. Het glas is een vaste stof, de melk is een vloeistof. En als het water verdampt uit de melk, dan heb je waterdamp, een gas. Zo komen alle drie de normale toestanden van materie bij elkaar: vast, vloeibaar en gas.'

'Ja, pa, nu weten we het wel', zei Iza. 'Ik vind het wel tijd voor de raket.'

'Ik heb al een mooie lanceerplaats uitgezocht', zei Yocto. 'Iets ver-derop ligt een aanlegsteiger in het meer. Daar kunnen we op gaan staan en de raket lanceren. Ik heb een lege melkfles gevonden. Daar heb ik de vuurpijl in gestopt.'

Met z'n vieren liepen ze naar de steiger. Aan het uiteinde stond de fles met de vuurpijl. De lont hing slap naar beneden. Yocto nam een doosje lucifers en stak er eentje aan. Hij bracht de brandende lucifer

naar de fles en hield de vlam aan de lont. Yocto, Yotta, Iza en oom Jan
gingen een eindje op afstand staan. Yotta telde af. 'Tien, negen, acht,
zeven, zes, vijf, vier, drie, twee, één...'

'Lancering!' riep Yocto. 'Lancering geslaagd!'

Vol spanning keken ze omhoog. De vuurpijl trok een geelrood licht-
spoor tegen de achtergrond van de witte Melkweg. Hij reikte zeker tot
een meter of dertig. Pas toen hij al naar beneden aan het vallen was,
doofde het vuur. Hij dook recht in het meer. Er was geen flintertje straat-
licht, geen schilfertje woonkamerlicht. Het was middernacht. Aan de
overkant van het meer klonken twee doffe plonzen. Twee schimmige
gedaanten namen een nachtelijke duik.

'Zeker een paartje dat gaat zoenen', zei Iza. 'Lekker romantisch samen
in een meer.'

Oom Jan was op een afstandje naar de sterren gaan turen. Iza, Yotta
en Yocto kropen dicht bij elkaar. Ze hieven elk hun glaasje melk en tik-
ten de glazen tegen elkaar aan.

'Op de Melkweg!' zei Iza.

'De hele wereld zit in een glaasje melk!' riep oom Jan, terwijl hij
kwam aanstormen om ook het glas melk tegen dat van de anderen te
klinken.

HOOFDSTUK 9
Toch niet alles?

'Ik zag opeens een vuurpijl de lucht in schieten. Dus ik dacht: ik kom even kijken wat er hier gebeurt.' Er was een meisje komen aanlopen. 'Dit is Agata', zei Iza, terwijl ze op het blonde meisje wees. 'Ze woont aan de overkant van het meer. Volgens mij is zij even oud als jullie...'

'Ik ben dertien', zei Agata. 'En jullie?'

'Wij zijn bijna dertien', zei Yotta.

'Dit zijn mijn nichtje en neefje, Yotta en Yocto', zei Iza, terwijl ze naar de tweeling wees. Yocto kreeg een blos toen hij naar Agata keek. 'Mooie namen hebben jullie', zei Agata.

'Dat vinden wij ook', zei Yotta. 'Gelukkig vraag jij niet of ze ook iets betekenen. Dat vragen volwassenen meestal. En dat vinden we altijd erg stom.'

'Als ik nieuwe mensen ontmoet, kan het mij toch niets schelen of hun namen iets betekenen', zei Agata verontwaardigd. 'Jullie namen zeggen toch helemaal niets over wie jullie zijn?'

Yocto wilde iets tegen Agata zeggen, maar voelde een brok in zijn keel. Hij kreeg het warm. Agata had het niet in de gaten, maar Yotta des te meer. Ze keek haar broer fronsend aan. Toen Yocto dat merkte, werd de brok in zijn keel alleen maar zwaarder en kreeg hij het nog warmer. Wat is er toch? vroeg Yotta zich af. Ze voelde dat ze de spanning even moest breken. Ze pakte een steen en gooide die in het water.

'Kijk, zien jullie dat water?' zei ze. 'Golven...Cirkelgolven...'

Ze keken alle vier en zagen in het zwakke schijnsel van de sterren dat de golven zich in cirkels verder en verder uitbreidden. Tot ze uiteindelijk uitdoofden.

'Cirkelgolven', zei Iza.

'Volgendecirkel', liet Yotta er lachend op volgen.

'Golvendecirkelvolgen', zei Iza zonder na te denken.

'Cirkeldevolgendegolven', ging Yotta verder met het woordspelletje.

'Vliegendecirkelgolven...'

'Vlogendecirkelvlagen...'

'Vlugendecirkelvolgen...'

'Vlugdecirkelvlaggen...'

'Vliegendevluggevlaggecirkel...'

'Vluggendevliege...'

'Vlaggendevlagge...'

'Vluggendegulf...'

'Vlug...'

'Gulv...'

'Golf...'

'Cirkelgolven!' riep Yotta. 'We zijn weer terug!'

Yocto en Agata hadden het woordspelletje sprakeloos gevolgd. Agata was de eerste die in een onbedaarlijke lachbui was uitgebarsten. Toen Yocto dat zag, kon ook hij een bulderend lachsalvo niet meer onderdrukken.

Yotta nam nog een steen van de grond en gooide hem opnieuw in het meer. 'Kijk daar heb je ze weer. Cirkelgolven.' Ook de andere drie gooiden een steen in het water. De golven rolden over elkaar heen en al snel ontstond er een rotzooitje aan hotsenknotsende golven.

Toen Agata en Yocto hun lachbuien weer onder controle hadden, keek Agata Yocto even recht in de ogen aan. Het was maar kort, maar voordat hij het zelf in de gaten had, keek Yocto snel een andere kant op. Het kriebelde in zijn buik. Hij kon er niets aan doen, maar hij voelde opnieuw dat hij moest blozen. Hij hoorde zijn hart bonken. Dat had hij nog nooit gehad.

Yotta voelde dat er iets met haar broer aan de hand was. Hij zou toch niet verliefd zijn geworden op Agata, dacht ze.

Yocto zag dat Agata naar hem lachte. Weer merkte hij dat hij zijn gezicht wegdraaide, zonder dat hij dat nou zo bewust had gewild. Vreemd gevoel was dat. Hij had de indruk dat elke seconde nu wel een uur duurde. Toen Agata weer even met Iza praatte, keek hij af en toe naar Agata. En ook zij keek hem af en toe aan.

Yotta kwam naar haar broer, en fluisterde hem toe: 'Volgens mij ben je verliefd.'

'Onzin', antwoordde Yocto stuurs.

'Ik zie het gewoon aan je...geef het nou maar toe...', zei Yotta geamuseerd. 'De blik in je ogen. De blos op je wangen. Jawel hoor, je bent gewoon verliefd op Agata', lachte ze. 'Maar daar is niets mis mee hoor.'

Yocto zocht naar de grootste steen die hij kon vinden. Hij pakte een vuistdikke kei van de grond, en gooide het zware ding zo ver hij kon over het meer. Hij was verbaasd over de kracht van zijn eigen worp. De kei was nog niet in het water geplonsd, of hij moest al weer aan Agata denken. Verdomme, dacht hij, ze verdwijnt gewoon niet uit m'n kop!

'Hé, Agata', klonk het ineens. Het was de moeder van Agata. 'Het is nu toch wel echt tijd om naar bed te gaan.'

'Ja, en wij moeten ook maar weer eens naar huis', zei oom Jan, die met Agata's moeder was komen meelopen. 'Het is dan wel vakantie, maar het is toch al half twee in de nacht. Het is mooi geweest voor vandaag.'

'Ik heb helemaal nog geen zin om te vertrekken', zei Yotta resoluut. 'En Yocto volgens mij ook niet. Of niet Yocto?'

'Het maakt me niets uit', zei Yocto bits. Hij wist dat hij loog. Waarom zeg ik dat dan toch? vroeg hij zichzelf af, terwijl hij een scherende blik langs Agata liet gaan.

De moeder van Agata was vastberaden. 'Nou, wat jullie doen, moeten jullie weten, maar Agata moet nu echt mee naar huis komen. Morgenvroeg gaan we voor een week naar de bergen toe. Je kunt natuurlijk niet al vermoeid vertrekken als je op vakantie gaat.'

Dan ga ik Agata waarschijnlijk nooit meer zien, dacht Yocto. Het zij zo, schoot er door zijn hoofd.

Yotta keek naar Yocto, en zag zijn teleurgestelde berusting. Ze liep naar Agata en zei: 'Zeg Agata, geef ons je adres maar, dan kunnen we als we thuis zijn in ieder geval met je schrijven. Ik denk dat Yocto dat ook wel wil, of niet?' Ze keek Yocto plagend aan.

'Ik kijk wel', antwoordde Yocto mompelend. 'Als ik zin heb. We zouden nog steeds die boshut gaan bouwen, weet je nog?'

Hij wil gewoon niet toegeven dat hij verliefd is op Agata en dat hij haar heel graag wil schrijven, dacht Yotta. Dan begint hij maar over iets anders te praten. Hij mag dan wel mijn tweelingbroer zijn, maar we zijn toch heel anders.

Agata schreef haar naam en adres op een papiertje en gaf het aan Yotta. Maar toen ze het aan haar gaf, keek ze juist Yocto recht in de ogen aan en zei: 'Jij mag ook schrijven Yocto...ook als je eerst je boshut wilt afmaken.' Yocto voelde zich er ongemakkelijk bij. Agata's moeder nam haar dochter stevig bij de hand en ze liepen weg. Agata draaide zich nog even om. 'Nou, tot ziens. Jullie komen toch wel een keer terug? Veel kusjes.' Giebelend liep ze uit het zicht van de tweeling.

'Waarom doe je toch zo koppig', zei Yotta tegen Yocto, toen Agata het al lang niet meer kon horen. 'Ik zie gewoon dat je verliefd bent, en jij doet alsof er niets aan de hand is. Ik weet dat je Agata graag zou willen schrijven, maar jij doet alsof het je niet interesseert. Leuk hoor, dat je nu begrijpt dat mensen, dieren, planten, dingen, ja het hele heelal uit bouwstenen bestaan, maar van je eigen gevoel begrijp jij in ieder geval heel weinig!'

Yocto voelde zich doodmoe. Leeg. Hij kreeg geen woord meer uit z'n mond. Alle kracht was plots uit hem weggestroomd. Oom Jan omarmde met zijn ene arm Yotta en met zijn andere Yocto. Ze moesten nu maar eens echt naar huis gaan, zei hij tegen Iza en de tweeling.

In de nacht kon Yocto de slaap maar niet vatten. Terwijl Yotta zoals altijd als een blok in slaap viel, lag Yocto voortdurend te woelen. Hij draaide zich van de ene naar de andere zij. Hij probeerde op zijn rug te slapen, op zijn buik, op zijn zij, maar niets hielp. Hij viel maar niet in slaap. Steeds maalde die ene vraag door zijn hoofd: wat is er toch met me aan de hand?

Yotta heeft gelijk, besefte hij ineens. Ik vind Agata erg leuk. Het woord verliefdheid durfde hij niet eens te denken, laat staan uit te spreken. De wereld is vol met mensen, dacht Yocto, waarom vind ik dan precies Agata leuk? Ik snap het gewoon niet. Maar het is wel zo. Pas toen hij zich daarbij neerlegde, dommelde Yocto eindelijk in slaap.

De volgende ochtend bij het ontbijt gaf tante Ola een brief aan Yocto. 'Agata kwam hem vanmorgen heel vroeg brengen. Ze zei dat je hem pas thuis mag openen.'

Yotta zag hoe de pupillen in Yocto's ogen zich verwijdden, hoe hij zijn rug rechtte, hoe zijn mondhoeken omhoog trokken.
Yotta kon zich niet langer inhouden. Ze wilde het ook aan de anderen vertellen. 'Yocto is verliefd op Agata!' zei ze.

'Dat had ik ook al lang in de gaten', zei Iza.

'Ik geloof dat het waar is', zei Yocto binnensmonds. Toegeven, dat durfde hij nu wel, maar het woord verliefdheid kreeg hij nog steeds niet uit zijn mond.

'Ik kon er niet eens goed door slapen', zei hij.

'Als alles bestaat uit elementen, geldt dat dan ook voor de liefde?' vroeg Yotta. 'Ik bedoel, als mensen voor het grootse deel bestaan uit waterstof, koolstof, stikstof en zuurstof, bestaat de liefde tussen mensen dan ook uit die bouwstenen?'

Yocto keek stomverbaasd naar zijn zusje. 'Vóór we op reis gingen, zei jij altijd dat je niet alles hoeft te begrijpen. En nu wil je ineens wel weten hoe... hoe...' Hij kreeg het woord maar moeizaam uit zijn mond. Hij vermande zich, en toen lukte het hem. '...hoe verliefdheid werkt.'

'Liefde zit tussen je oren', zei tante Ola. 'Er gebeurt iets in je hersenen.'

'Maar wat gebeurt er dan?' vroeg Iza ongeduldig.

'Het zijn de hersenen die ons maken tot wie we zijn', zei tante Ola. 'De hersenen zijn het meest onbegrepen deel van ons lichaam. En toch bepalen ze ons hele doen en laten.'

'Dat vind ik een akelig idee', zei Yotta. 'Ons hele doen en laten bepaald door die slijmerig uitziende hersenkwabben. Ik heb wel eens op tv gezien dat de hersenen eruitzien als een grote, glibberige, weke walnoot...'

'Ongeveer ter grootte van een kokosnoot', onderbrak tante Ola haar.

'Getsie!' zei Yotta. 'Een weke kokosnoot! Ik wil er niet aan denken!'

'Je denkt er wel mee', grapte Iza. 'Iedereen denkt met z'n eigen glibberige, slijmerige, weke kokosnoot in z'n kop.'

'Volwassen hersenen wegen 1300 tot 1400 gram', ging tante Ola vrolijk verder, Yotta een beetje uitdagend. 'Ze bestaan uit honderd miljard hersencellen. Elk hersencel kan met zo'n tienduizend andere praten. Dat gebeurt via elektrische en chemische signalen. De hersenen verbruiken maar liefst twintig procent van alle zuurstof die we inademen. Per minuut stroomt er driekwart liter bloed door de hersenen. Alles wat we doen, denken en voelen heeft te maken met ons brein.' Ze maakte een vuist en tikte die tegen haar hoofd.

'Zuurstof, bloed, elektrische en chemische signalen...', zei Yotta, 'ik sta er helemaal nooit bij stil als ik iets denk of iets voel. Ik heb nooit het idee dat er een soort machine aan het werk is... dat het allemaal zo om stofjes draait.'

'Wat gebeurt er nu met verliefde hersenen?' vroeg Iza nogmaals. 'Dat weet ik nog steeds niet.'

'Als je verliefd wordt', zei tante Ola, 'gaan de hersenen stofjes aanmaken waardoor uiteindelijk je hartslag hoger wordt, waardoor er meer bloed naar je spieren gaat stromen. De bloedvaten in je gezicht verwijden zich. Je bloost makkelijker. Je raakt een beetje in de stress, en je voelt het hart in je keel bonken. Zelfs je maag gaat het merken. Het is alsof je vlinders in je buik voelt. En je voelt ook minder angst. Alsof je de hele wereld wel aankunt. Het zijn de hersenen die al die lichamelijke reacties aansturen.'

'Je doet nu net alsof je daarmee alles hebt verklaard', zei Yotta. 'Maar dan begrijp je toch nog steeds niet waarom Yocto op Agata verliefd is geworden en niet op een ander meisje?'

'Dat klopt', zei tante Ola. 'En dat zullen we ook nooit weten. Daarvoor zitten de dingen te ingewikkeld in elkaar. Zelfs als je precies zou weten welke hersencel wat doet, welke stofjes waarheen bewegen, dan nog krijg je geen antwoord op de vraag waarom iemand precies op die en niet op een ander verliefd is geworden.'

'En waarom Yotta wel houdt van chocoladepudding en ik niet', voegde Yocto toe.

'Zie je wel', zei Yotta, 'alles wat je voelt is ook echt. Verliefdheid is net zo echt als de zwaartekracht. Het gevoel dat ik bij mijn lege vioolkoffertje heb, is net zo echt als de elementen uit de Doos.'

Yocto schudde berustend zijn hoofd. 'Ja, je hebt gelijk. Alles wat je voelt is ook echt. Die Doos was prachtig, maar misschien is verliefdheid wel mooier... Ik wil ook helemaal niet precies begrijpen waarom ik verliefd ben geworden!'

Al die tijd had oom Jan geamuseerd het ontbijtgesprek aangehoord. Nu vond hij het tijd om zich er ook in te mengen. 'Natuurwetenschappen beschrijven maar een deel van de natuurlijke verschijnselen om ons heen, en ook nog eens bij benadering. En die natuurlijke verschijnselen zijn ook maar een deel van alles wat wij als mensen ervaren. Liefde, verdriet, woede, angst, blijdschap, boosheid, teleurstelling. Dat is wat ons tot mensen maakt.'

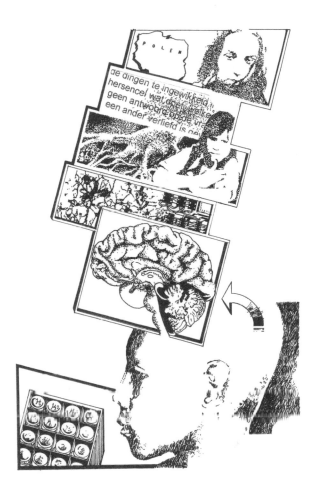

'Dieren kunnen ook kwaad zijn, of bang of blij', zei Yotta verwijtend.

'Tuurlijk', zei tante Ola. 'Ze zijn er zich alleen niet bewust van. Ze kunnen geen ik zeggen. Mensen wel. Dat maakt mensen toch net ietsje anders dan dieren. Maar zelfs al worden liefde, verdriet, woede, angst, blijdschap, boosheid en teleurstelling allemaal veroorzaakt door chemische stofjes in onze hersenen, dan betekent dat niet dat we al die emoties ook begrijpen door te verklaren wat de stofjes precies doen.'

'We begrijpen nu dat de hele wereld in een glaasje melk zit, maar waarom jij nu precies op Agata verliefd bent geworden, daar begrijpen we niks van', zei Yotta tegen Yocto.

'Toch heeft vader de Doos niet voor niets de *Doos van licht, lucht en liefde* genoemd', zei Yocto. 'In zekere zin sturen alle bouwstenen van de Doos zelfs de liefde tussen mensen, alleen begrijpen we niet hoe.'

'De Doos heeft jullie door een sleutelgat naar de wereld doen kijken', zei oom Jan. 'Het blijft echter maar een sleutelgat.'

'Maar nu hebben we helemaal geen Doos meer', zei Yocto teleurgesteld.

De volgende dag, vroeg in de ochtend, brachten oom Jan, tante Ola en hun nichtje Iza de tweeling naar het vliegveld van Warschau. Het uitzwaaien leek eindeloos te duren. Het viel de tweeling moeilijk om niet nog even om te kijken toen ze de familie Kopernik achter zich lieten. Maar eens kwam er een einde aan elke ontmoeting, realiseerden ze zich. De brief van Agata brandde in de binnenzak van Yocto's jas. Waarom mag ik hem pas thuis openen? vroeg Yocto zich af.

De tweeling liep naar het vliegtuig toe dat hen naar huis moest brengen. Toen het vliegtuig al op grote hoogte vloog, en ze ver beneden zich de aarde zagen – een kronkelende rivier, een dozijn meren, een handvol beboste heuvels – voelden ze allebei een soort heimwee. Nee, niet naar huis, maar naar de reis die nu onherroepelijk verleden tijd was geworden.

'Thuis is waar je vrienden zijn', zei Yotta tegen haar broertje.

'We hebben overal vrienden gemaakt', zei Yocto, terwijl hij door het raampje naar beneden keek.

'Dan is overal ons thuis', zei Yotta.

'Behalve dan bij professor Tacitranac', zei Yocto. 'Die zal ons wel nooit vergeven dat we niet in zijn Antarctische ijskristallen geloven!'

HOOFDSTUK 10
Promethium

'Wat moeten we nou tegen vader en moeder zeggen?' vroeg Yotta aan haar broertje, toen het vliegtuig net was geland. 'Dertig jaar van vaders verzamelwerk is gejat...'

'Maar we hebben het toch niet met opzet gedaan', zei Yocto. 'We hebben even niet opgelet, en toen ging die krankzinnige priester er met de Doos vandoor. Maar we hebben de Doos niet laten stelen.' Hij werd kwaad zoals Yotta hem niet eerder had gezien. 'Die priester is de enige schuldige!'

'Vreselijk', zei Yotta. 'Vader is erg ziek... hij laat ons met zijn Doos over de wereld reizen... we vinden ook nog het enige element dat hij nog niet had. Het was zo mooi geweest als we hem de complete verzameling hadden kunnen geven. En nu hebben we helemaal niets meer. Ik kan het niet geloven.'

Yocto zweeg. Hij schaamde zich zichtbaar en wist ook niet wat hij moest zeggen. Hij werd in zijn hoofd heen en weer geslingerd tussen de gestolen Doos, vaders ziekte en zijn verliefdheid voor Agata.

Toen ze hun bagage hadden opgehaald, liepen ze naar de uitgang. De deur schoof open, en daar in de verte zagen ze vader en moeder al staan wachten. Vader zag er verzwakt uit, maar toch keek hij blij toen hij de tweeling zag. Moeder had de tranen in de ogen staan.

Yotta en Yocto renden op hun vader en moeder af, zo goed en zo kwaad dat kon met hun bagage. Een lange omhelzing volgde. Yotta hield haar ogen niet meer droog. Yocto was een moment totaal vergeten dat ze de Doos waren kwijtgeraakt. De kracht van de omhelzing zei veel meer dan alle woorden op dat moment hadden kunnen zeggen. Minutenlang hingen ze met hun armen om elkaar heen. Het was vader die als eerste begon te praten en aanstalten maakte om naar huis te gaan.

In de auto op weg naar huis begon Yocto het verhaal van de reis te vertellen. Vader en moeder luisterden ademloos. Vaders ogen glinsterden van trots toen Yocto vertelde hoe ze het ontbrekende element hadden gevonden. Maar hij gaf geen kik. Ook toen Yocto over het dramatische moment van de diefstal sprak, zei vader niets. Poeh, dat is een opluchting, dacht Yocto. Ik was zo bang dat hij kwaad zou worden. Maar vader werd helemaal niet kwaad. Hij keek intens blij.

'Ik heb er inderdaad dertig jaar over gedaan om alles te verzamelen', zei hij ten slotte, 'en natuurlijk had ik de Doos graag terug gezien, en ook nog compleet. Maar op een of andere manier – ik begrijp ook niet precies waarom – doet het me nu helemaal niet zoveel dat ik de Doos kwijt ben.' Hij zweeg een paar seconden. 'Ik geloof dat ik blijer ben met wat de Doos voor jullie heeft betekend dan dat ik zelf blij zou zijn met de complete Doos. Mijn ziekte heeft andere zaken belangrijker voor me gemaakt. De Doos is in ieder geval jullie leidraad rond de wereld geweest, en dat is me vele malen meer waard dan dat ik de Doos zelf in mijn handen heb.'

Yotta en Yocto keken elkaar verward en ongelovig aan. Was hij echt niet kwaad dat ze niet met de Doos waren thuisgekomen?

Toen begon moeder te vertellen over alle medische onderzoeken die vader in de afgelopen weken, zo lang als de tweeling op reis was geweest, had gehad. 'Vaders kanker moet worden bestreden met radioactieve straling. Die straling moet de kankercellen doden en tegelijkertijd zo min mogelijk gezonde cellen doden of beschadigen. Het grote voordeel is dat kankercellen veel gevoeliger zijn voor de straling dan de gezonde cellen en dus makkelijker het loodje leggen. Aan de andere kant is het erg moeilijk om alle kwade cellen te treffen. Het blijft afwachten. Hoe groter het gezwel, hoe moeilijker het is. En helaas, het gezwel is al groot.'

'In de Doos zaten óók radioactieve elementen', merkte Yocto verbaasd op. 'We hebben gezien dat het staafje radium in het donker gaat gloeien als je er eerst met een lamp op schijnt. En promethium is toch zo sterk radioactief dat het om die reden niet meer van nature op aarde voorkomt?' Hij keek zijn zusje aan.

'Je moet toch erg voorzichtig zijn met radioactiviteit?' zei Yotta.

'Dat moet je ook', zei vader. 'Maar dezelfde eigenschap van radio-activiteit die slecht is voor mensen, kun je ook inzetten om mensen te redden. Het zijn twee kanten van dezelfde medaille.' Hij zuchtte diep en ging toen verder. 'Doktoren vermoeden dat ik kanker gekregen heb omdat ik vele jaren heb gewerkt met het uit elkaar halen van stenen die soms radioactieve elementen bevatten. Elf van die 92 elementen uit de Doos zijn radioactief. Om aan die elementen te komen heb ik me misschien te vaak en te lang blootgesteld aan radioactieve straling.'

Moeder vervolgde vaders verhaal. 'Medische wetenschappers zoeken continu naar betere methoden om kankergezwellen te bestrijden. Een van de gloednieuwe ideeën is om niet eerder gebruikte radioactieve elementen in te zetten om kankercellen te doden. En vader heeft iets nieuws bedacht.'

'Ik denk dat promethium een goede kandidaat kan zijn', ging vader verder. 'Promethium zendt een bepaald type straling uit. Als ze die op een zwaar metaal laten vallen, zendt dat op zijn beurt straling uit die geschikt is voor kankerbehandelingen. Toen jullie weg waren heb ik alles opgezocht wat ik kon vinden over nummer 61 uit de Doos.'

Yotta viel haar vader opgewonden in de rede. 'Als je promethium nodig hebt, dan weten wij wel hoe je dat kunt krijgen. In Genève kunnen ze dat wel voor je maken!'

'We vragen dat wel aan Said!' riep Yocto.

Ze waren inmiddels bijna thuis aangekomen. De tweeling rook de geur van het bos al. Ze parkeerden de auto en liepen naar de voordeur. De postbode had de post van die dag op de deurmat achtergelaten. Naast enkele brieven, lag er een groot pakket. Het was moeder die het pakket in de woonkamer meteen opende.

'Maar... maar...' stamelde ze. 'Dat is de Doos... dat is vaders Doos!'

'Dat kan niet!' riep Yocto vol ongeloof.

'Het is hem echt', zei vader, 'dat zie ik zo. Kijk maar.' Hij tilde de Doos op en liet de onderkant zien. Daar stonden inderdaad zijn naam en adres, zoals hij ze ooit in het hout had gekerfd. Vader begon de brief te lezen die er bij zat.

'Het is een brief van die priester', zei vader geschrokken. 'Hij schrijft dat hij er spijt van heeft dat hij die Doos van jullie heeft gestolen. En dat hij zelf ook niet precies kan verklaren waarom hij de Doos heeft meegenomen. 'Een moment van waanzin', schrijft hij. Vader las de laatste regels hardop: 'Ik kon het op dat moment niet uitstaan dat jullie zo vol waren van een paar klompjes onbezielde materie. Maar ik heb er grote spijt van dat ik de Doos heb gestolen. Hopelijk vergeven jullie het mij...'

'Maak eens open', riep Yotta ongeduldig. 'Is hij nog steeds compleet?'

'Doe jij hem maar open', zei Yocto tegen vader. 'Hij is van jou.'

Vader opende de Doos.

'Alles zit er nog in!' riep Yotta.

'Zelfs nummer 61!' riep Yocto. 'Promethium, aluminium, helium... het zit er allemaal nog in! Alle 92 elementen hebben we nu bij elkaar in de Doos!'

Vader nam het buisje promethium in zijn handen en inspecteerde het nauwgezet. 'Hier heb ik zo lang naar gezocht', was het enige wat hij kon uitbrengen.

Nog dezelfde dag nam Yotta contact op met Said in Genève. Ze legde het hele verhaal over vaders ziekte uit, en vroeg hem zo snel mogelijk meer promethium te laten maken. Vader nam zelf contact op met zijn behandelende artsen en met een aantal medisch onderzoekers die zich bezighielden met het ontwikkelen van nieuwe behandelingsmethoden tegen kanker. Gezamenlijk maakten ze een plan om vaders kanker te lijf te gaan met promethium, het element waar vader jarenlang naar had gezocht.

's Avonds had Yocto eindelijk de tijd om Agata's brief te openen. In alle opwinding om de Doos was hij zelfs de verliefdheid voor een paar uur vergeten. Razendsnel las Yocto nu de brief door. 'Ze is ook verliefd op mij!' schoot het in een flits door zijn hoofd, terwijl zijn ogen over het briefpapier flitsten. Zonder omwegen schreef Agata dat ze ook verliefd was op hem en dat ze hem zo snel mogelijk weer wilde zien. 'Kom in de herfstvakantie naar ons toe, en dan gaan we samen een week kanoën', schreef ze. Yocto voelde weer de kriebels. Hij kon niet wachten tot de herfstvakantie zou aanbreken.

Een week later kon vaders eerste experimentele bestraling met de hulp van het promethium beginnen. Elke dag werd hij bestraald. Na een paar bestralingen kreeg hij hevige pijn. Twee maanden lang duurde de bestralingsperiode. Daarna begon de grote onzekerheid. Als de bestraling

onvoldoende zou aanslaan, zou vader verloren zijn. Dan konden de doktoren niets meer voor hem doen.

Een week voordat de herfstvakantie van de tweeling aanbrak, moest
vader naar het ziekenhuis voor de uitslag van de belangrijke controle
die hij een paar dagen daarvoor had gehad. Yotta en Yocto gingen met
vader en moeder mee naar het ziekenhuis. De arts haalde alle onder-
zoeksresultaten tevoorschijn.

'We gaven u een paar maanden geleden een kans van één op tien',
begon de arts te vertellen. 'Alle resultaten wijzen er inmiddels op dat
de bestraling veel beter zijn werk heeft gedaan dan we ooit hadden dur-
ven hopen. Voorlopig lijkt de kanker geheel te zijn verdwenen. Het experiment met promethium is zeer geslaagd. Er is altijd een kans dat het
terugkomt, maar het lijkt erop dat u het geluk aan uw kant heeft. Als
u over twee jaar nog vrij bent van symptomen, dan kunnen we u geheel
genezen verklaren. Het grote gezwel is verdwenen en nu hopen we maar
dat er geen kwaadaardige cellen meer zijn achtergebleven. Dat kunnen we echter nooit met zekerheid zeggen. Maar voor nu hebben we
in ieder geval het allerbeste resultaat bereikt.'

Uitgeput van alle spanning en emotie, maar ook intens opgelucht, zaten
vader en moeder samen met de tweeling 's avonds in de woonkamer.
Yotta haalde voor hen alle vier een glaasje melk. De Doos stond, met
het deksel dicht, op de tafel.

'Zie je wel dat je altijd moet blijven hopen', zei Yotta. 'Die kans van
één op tien om te genezen, is dan wel niet zo veel, maar het kan dus
toch genoeg zijn.' Ze haalde haar viool tevoorschijn en begon erop te
spelen. Iedereen was doodstil. Yotta speelde met een overgave en een
fijngevoeligheid zoals ze nooit eerder had gedaan. Vader en moeder
pinkten een traantje weg. Zelfs Yocto kreeg kippenvel van het viool-
spel dat hem een paar maanden geleden nog als gejengel in de oren
klonk.

Toen Yotta klaar was, legde ze haar viool zwijgend terug in het koffertje. Ze liet de vioolkoffer open staan, naast de Doos. Vader boog zich
voorover, opende de Doos en haalde het buisje promethium eruit. 'Ook
al snappen we nog lang niet alles', zei hij, 'toch zit de hele wereld in
die Doos.'

126

Literatuur

Bij het schrijven van *De doos van licht, lucht en liefde* heb ik één boek vaak ter hand genomen om informatie over de diverse elementen te weten te komen:

– John Emsley. *Nature's building blocks – An A-Z guide to the elements*. Oxford: Oxford University Press, 2001, ISBN 0198503407

Wereldjaar van de natuurkunde

In 2005 vieren natuurkundigen over de hele wereld feest omdat het honderd jaar geleden is dat Albert Einstein vijf beroemde artikelen schreef. Die veranderden voor altijd de natuurkunde. Meer over het jaar vind je op www.wyp2005.nl

Internet

Een deel van de informatie die Emsley in zijn boek beschrijft, is ook te vinden op diverse websites. Ik noem er enkele:

- www.periodieksysteem.com/archi_nl.htm
  Nederlandse website over het periodiek systeem van de elementen
- www.webelements.com/
  Engelstalige website over het periodiek systeem van de elementen
- www.element-collection.com/
  Diverse collecties van alle elementen te koop, met daaronder een doos met elementen.

Dankwoord

Schrijven is een vorm van denken. Allerlei personen beïnvloeden dat denken. De volgende mensen hebben op uiteenlopende manieren bijgedragen aan de totstandkoming van dit boek.

Allereerst Huub Eggen van Stichting voor Fundamenteel Onderzoek der Materie (FOM). Hij vroeg me in december 2003 om na te denken over een boekje: "Ik wil een soort thema kiezen dat start bij de ervaringswereld van kinderen van twaalf jaar en vandaar uit, hun nieuwsgierigheid voedend, verder gaat over (natuur)wetenschap."

De enige eis was dat het niet een soort opsomming van vragen en antwoorden mocht zijn, want die boekjes zijn er al zat. Hij zei er niets bij over de vorm. Omdat er in non-fictievorm al zoveel bestaat voor kinderen van een jaar of twaalf, wilde ik een verzonnen verhaal schrijven. Bovendien vonden zowel Huub als ik dat ook volwassenen het boekje met plezier moesten kunnen lezen. Als centrale thema koos ik voor het zeer belangrijke inzicht dat alle materie, zowel levend als nietlevend, uit atomen bestaat. Dat inzicht heeft namelijk verstrekkende consequenties voor de manier waarop de mens tegen de wereld aankijkt. Als er één inzicht uit de natuurwetenschap is dat tot de culturele bagage van iedereen moet behoren, dan is dát het wel.

Verder bedank ik Arjan van Dijk, Arijjan Verboon en Mirjam Leunissen voor hun nuttige commentaar en prikkelende ideeën in diverse stadia van het schrijven. Piet van Bragt maakte ten slotte bij elk hoofdstuk een prachtige illustratie. Dank!

Bennie Mols, *Amsterdam, april* 2005